En la Ocho y la Doce

Roberto G. Fernández

Houghton Mifflin Company   Boston   New York

Director, World Languages: Beth Kramer
Sponsoring Editor: Amy Baron
Editorial Associate: Melissa Foley
Project Editor: Amy Johnson
Production/Design Coordinator: Jodi O'Rourke
Senior Manufacturing Coordinator: Sally Culler
Marketing Manager: Tina Crowley Desprez
Cover design: Rebecca Fagan
Cover illustration: Jim Dryden

Library of Congress Catalog Number: 00-133912

ISBN: 0-618-00021-6

123456789-EB-04 03 02 01 00

Para Larisa Fernández Reyes,
y para Rolando Fernández Martorell, in memoriam.

Mi agradecimiento a Mempo Giardinelli
quien me alentó
a regresar al español y a Carmen Hernández-Ojeda,
la musa canaria, por sus acertadas sugerencias.

Índice

Introducción

Que se inicie una serie de libros en español en
los Estados Unidos es un acontecimiento digno de
ser celebrado. Si bien ya desde el siglo pasado se
publicaban libros en español en los Estados Unidos, por
lo general eran impresos por encargo de las escuelas en
Hispanoamérica o para ser vendidos al público general
en esos países. También eran impresos libros en español
para aprender inglés, y en años recientes importantes
editoriales han comenzado a publicar traducciones de
las obras de los más reconocidos autores del mundo
hispano, ya en ediciones bilingües, ya en ediciones
separadas en español e inglés.

La serie Nuestra visión: U.S. Latino Literature tiene
un propósito distinto, un propósito hasta hoy no intentado por las grandes editoriales: dar a conocer la literatura de los latinos y latinas, los escritores de origen
hispano nativos o residentes de los Estados Unidos,
grupo ya sumamente importante pero cuya literatura
en español, desafortunadamente, no es bien conocida.
No se debe esto, por supuesto, a la falta de interés en
sus obras, sino, principalmente, a la disponibilidad de
textos. El pueblo latino en los Estados Unidos crece a

grandes pasos (ya pasa de los treinta millones según las estadísticas más recientes) y el número de estudiantes de español de ascendencia hispana aumenta cada día. Este crecimiento ha motivado a la editorial Houghton Mifflin a publicar esta serie de textos precisamente ahora, cuando más necesario es poner en manos de estos estudiantes literatura de alta calidad lingüística y literaria escrita por latinos.

Los estudiantes hispanohablantes que empiezan a estudiar español en la universidad no disponen de textos literarios que sean accesibles y pertinentes. El propósito de la serie Nuestra visión es la de subsanar esa falta de textos con obras que sean de nivel apropiado. Estos textos, esmeradamente escogidos, serán de gran interés personal para aquellos estudiantes latinos que deseen enterarse más a fondo de su rica herencia. Al mismo tiempo, esos textos revelarán a los lectores no hispanos la riqueza y vitalidad de la literatura de los latinos en los Estados Unidos. La elección de obras reflejará las necesidades pedagógicas e intereses de lectores tanto hispanohablantes como no hispanohablantes, y le facilitará al lector la adquisición de una biblioteca básica de las principales obras de escritores latinos, hoy tan difícil de reunir. Al maestro de lengua, literatura o cultura, esta colección le proporcionará los textos necesarios para el estudio y enseñanza de las materias que imparte.

Otro propósito de la serie es el de dar a conocer, por medio de estos textos, las diferencias y semejanzas existentes entre los varios grupos latinos, con el propósito de facilitar la mutua comprensión y entendimiento entre éstos. Además, Houghton Mifflin desea dar al amplio público la oportunidad de conocer la vida y los valores culturales que comparten los varios grupos que constituyen el pueblo latino en Norteamérica, al igual que las diferencias que hay entre éstos. Este conocimiento es necesario, ya que la cultura norteamericana es un mosaico compuesto de las contribuciones de todas aquellas culturas que desde que se fundó el país han vivido en paz y armonía bajo el manto de la libertad y la democracia.

Como el título mismo de la serie indica, la visión reflejada en los textos seleccionados será desde la perspectiva latina salida del propio grupo. Todos los autores incluídos serán de origen latino. Los editores creen firmemente que no existe mejor manera de obtener dicho acercamiento que no sea a través de la literatura, y sobre todo de la narrativa, ya que es ése el género que más se presta para tal fin. La narrativa, como descubrirá el lector, es un verdadero espejo de la comunidad social, y sobre todo en el caso de la comunidad latina en los Estados Unidos.

En la Ocho y la Doce

Una mirada irónica pero llena de ternura plantea esta novela de Roberto Fernández, escritor cubanoamericano, Profesor de Literatura del Caribe en Florida State University. Se trata de una narración ágil y divertida donde las situaciones muestran el mundo típico de los latinos en Estados Unidos, en especial caribeños, un mundo donde la televisión y otros medios de comunicación juegan un papel importante en el encuentro y diálogo entre culturas.

Las descripciones que Fernández dibuja con agilidad poseen a la vez el humor y la piedad típica de la picaresca española, una de las grandes herencias de la tradición hispánica en Estados Unidos.

En las tribulaciones y andanzas de Ignacio Valls hay a la vez un tono de comedia y de tragedia. Personajes como Titina, como los jugadores de la partida de dominó, como el reconocible y milagroso "niño de las aguas", cuya situación extraordinaria es reflejada con talento, mueven a la sonrisa y a la vez provocan una profunda reflexión.

La inclusión de *En la Ocho y la Doce* en la serie Nuestra visión: U.S. Latino Literature acerca a los estudiantes de español y a los lectores en general un texto divertido y lleno de referencias de la variada y rica herencia latina en los Estados Unidos. El libro puede ser usado como texto de estudio del idioma y su cultura. Los lectores de origen no hispano encontrarán en él la alegría y el vigor de una literatura en pleno movimiento vital, una aventura casi cinematográfica.

Las obras anteriores de Roberto Fernández ya anunciaban esta visión: *Holy Radishes!* (1995) permitía disfrutar la peripecia de Nelly Pardo y su mascota, Rigoletto, que recuerda una famosa ópera y un personaje de Walt Disney. En *Raining Backwards* (cuya primera edición es de 1988) cada página era una sorpresa y al mismo tiempo una aproximación a la identidad latina. En "Wrong Channel" (1996) el narrador lograba un relato tenso y divertido sobre las frecuentes confusiones inglés-español en Estados Unidos.

Entre las múltiples referencias a la cultura hispana *En la Ocho y la Doce* (cuyo título refiere un lugar clásico y bien conocido de la "Pequeña Habana" en Miami, lugar donde el autor pasó su primera infancia) reúne desde parte de un poema de Martí hasta una canción del joven Elvis Crespo, con frecuentes apariciones de Celia Cruz convertida en personaje de ficción.

Hechos y nombres que hacen a la cultura latina en Estados Unidos y otros típicamente anglosajones confluyen aquí con naturalidad poniendo en evidencia un sistema de relaciones múltiple establecido entre la comunidad migratoria y el extenso país que le dio cobijo.

Las características latinas están presentes en esta novela como realidades de la vida cotidiana en Estados Unidos. Y esa aparición trasciende una problemática particular. Es más amplia. El modo y las referencias hacen pensar en una problemática común a todos aquellos que en este inmenso país, a su manera, están entre dos tradiciones, entre dos culturas, entre dos aguas.

Rafael Courtoisie

Milagro en la Ocho y la Doce

Pues Many y yo íbamos caminando por la Ocho y la Doce, veníamos del Grocery de Pepe, el que está casado con Migdalia la jorobada. Pues resulta ser que los hijos de mi sobrina venían el domingo y por eso habíamos salido a comprar unas chucherías para ellos. Si ves a Luis, el mayor, está para comérselo, pero no puedo hablar con él porque no sabe español y por eso compré el curso de inglés *Follow Me to South Miami*. Imagínate, ahora para hablar con él estoy como los sordomudos, todo por señas. Él me dice *auntie*. ¿Qué te iba diciendo, que ya se me perdió el hilo? Últimamente estoy que todo se me olvida. Dice Many que es el estrés. Ok, ya me acuerdo. Y yo iba de lo más atareada tratando de guiar el carrito de la compra y servirle de lazarillo a Many. Chica, lazarillo es el que guía al ciego. Por si estás pensando algo malo, el carrito es mío. Lo compré en un *garage sale* hace como diez años. Allá tú si te lo robas, pero déjame decirte que en esta familia ha habido de todo menos ladrones.

Many a cada rato se me iba contra las cercas o los parquímetros, y yo estaba pensando lo difícil que se me había vuelto la vida desde que Many perdió la vista cuando le explotó la cocinita de kerosén que usábamos pa' ir a los cayos. Yo se lo advertí, pero que va, él nunca me ha hecho caso. Le explotó en la misma cara. Yo en seguida llamé al 911 y estuvo grave por casi dos semanas. Lo peor del caso fue cuando lo trajimos pa' la casa y le dio por decir que podía ver, y un día hasta se montó en el Impala y lo chocó contra el garaje de los Parker, y Jim, el hijo, salió diciendo que nos iba a meter un pleito. Gracias a Dios que Tita, la que vive en la esquina, habló con él y le explicó lo que estaba pasando porque yo me puse tan nerviosa que las palabras no me salían. Nada, mi amiga que la vida se me había vuelto una naranja agria y yo sin azúcar pa' endulzarla.

Pa' seguirte contando, íbamos caminando y era Viernes Santo. ¿No hueles a quemado? ¿Many, Manolo? ¡Tengo que tener un cuidado con él! La semana pasada casi quema la casa. Dejó todas las hornillas encendidas. Ahora le ha dado por hacerse el ciego. Parece que le cogió el gusto a que lo mimara. Aunque déjame decirte que yo siempre lo he cuidado como a una joya. Pues íbamos caminando por la Ocho y la Doce y era Viernes Santo. Serían como las tres de la tarde porque el cielo empezaba a oscurecerse y comenzaba a destaparse un vendabal muy fuerte. Yo iba diciendo un rosario pa' apartar los rayos y centellas, y a la vez estaba mirando un mango hermosísimo, cuando me fijé que al lado de la mata de mango, la uva caleta de Mr. Olsen estaba llorando. No, no era rocío. Mi amor, ¿cómo va a ser rocío a las tres de la tarde? Era más bien esa cosa que sueltan las matas cuando las cortas. Y tú puedes creer que me vino una fuerza por dentro, como una inspiración, y entonces le dije a Many que teníamos que brincar la cerca. El pobre Many no sabía lo que estaba pasando, y el caso fue que le di un pie pa' que saltara y luego la brinqué yo. Pa' serte sincera no fue tan fácil pues la cosa de Many se le había enredado en la cerca y tuve que desenredársela pa' que pudiera brincar. Me acuerdo que el pobre Many me decía: «Barbarita ni te preocupes, pa' lo que sirve mejor la dejas enredá». Óyeme, esto último que te he dicho no se lo digas a nadie. Mira que confío en ti igual que si fueras mi hermana Olga que es lo más grande que he tenido en mi vida después de mi madre. ¿Quieres una tacita de café con espumita?

Tienes que echarle más azúcar. El azúcar de aquí no endulza. Déjame decirte que después que salté la cerca fui derecho a la uva caleta, y recogí la savia, así me dijo Many que se llama, y se la restregué a mi marido por los ojos. Al principio él me mentó la madre, pero cuando le iba a responder lo veo arrodillado y con los brazos extendidos al cielo, y de pronto comenzó a gritar: «¡Puedo ver! Barbarita, ya puedo ver». Yo de incrédula no le creí y le pregunté que de qué color era la blusa que tenía puesta. «Roja, blanca y azul como la bandera», me dijo. La verdad es que todavía no estaba muy convencida y le pregunté que de qué color eran sus zapatos. Tenis azules, me respondió con una sonrisa de lado a lado. En ese mismo momento, me postré frente al árbol y me estaba dando golpes de pecho y rezando una Salve cuando apareció Mister Olsen amenazándonos con una escopeta, y señalando al letrero que colgaba de la cerca: NO TRESPASSING, PRIVATE PROPERTY. Yo le traté de explicar en mi inglés, pero qué va, no había forma que me entendiera. Por fin, se me iluminó la mente y le di un paquetito de chicles que había comprado para los niños. Tú sabes que a los americanos les encanta el chicle para hacer globitos. Parece que se conmovió con lo del chicle y nos dejó salir mientras gritaba algo de que Superman tenía que salvarlo. Mientras él estaba refunfuñando, aproveché pa' coger un poquito de la savia santa en caso de que Many tuviera una recaída, pero con tan mala suerte que el americano me vio y me puso el cañón de la escopeta en la misma nariz y yo temblando que no estornudara porque como tú sabes sufro de coriza, y me dijo: «*Lady, put that sap where it belongs... you... you... you tropical scum or I'll blow your head off*». No lo entendí mucho, pero me imaginé lo que quería que hiciera. ¿Quieres un poquito más de café? No es ninguna molestia.

Como te imaginarás, estábamos horrorizados de Mister Olsen, pero agradecidos al cielo por el milagro de la vista de Manolo, y por eso es que vamos todas las tardes a las tres menos cuarto a rezar frente a la uva caleta y Mister Olsen se sienta en el portal encañonándonos con la escopeta. Espérate un momento, vengo enseguida.

—¡Manolo, Many! ¿Dónde te has metido?

Por fin lo encontré en el baño. Quería que lo limpiara. Sigue con el jueguito de hacerse el ciego. Óyeme bien, yo quiero que tú me jures por los restos de tu madre, que Dios la tenga en la gloria porque de veras que era una santa, que le vas a decir a todo el mundo este milagro que se nos ha hecho. Quiero que lo digas pa' que la gente crea y se salve la humanidad.

ATTENTION PLEASE: POR FAVOR. PLEASE GO HOME! GO CASA! THIS AREA IS BEING CORDONED OFF BY ORDER OF THE POLICE. POR FAVOR GO RÁPIDO! PLEASE.

Me hace el favor, señora. ¡Señora por favor no empuje! ¡Déjeme pasar, no ve que mi esposo está lisiado! ¡Esquiusmiplis! ¡Abran paso que se me muere! Dios te salve María llena eres de gracia el señor de la camisa verde que se quite del medio que no deja ver. Get out, out, out, out! This is private property, proupiedad *private. My beautiful sea grape! What're you people doing to my sea grape!* ¡Oye, no me mires a mi novia así! *My country tis of thee sweet land of liberty.* ¡Compre su ticket pa' la pelea de gallos aquí! ¿Quién me tocó la nalga? Hot dogs! ¡Perritos calientes! Corn dogs! ¡Ahora Caridad sácale una astilla al árbol pa' que tú veas que consigues novio! *If you touch my tree again I'll shoot you! Shut up,* viejo! ¿Tú hablas inglés? Yes, a lirel. ¿Qué dijo el americano del helicóptero, el que decía algo de casa? Dijo que no se fueran pa' la casa, que San Guiven se iba a aparecer como pa' las seis de la tarde. ¿Y cómo lo supo? Es gringo. Ellos lo saben todo. Gracias, men. Mira, déjame darte un ticket pa' la pelea de gallos. Cógelo, es gratis. ¡Frasquitos de savia santa a dólar, a dólar, en *special!* ¿Quién me tocó la nalga? ¡La madre de quien me tocó la nalga!

Mire, yo le juro por mi hijito que lo vi todo de la ventana, cuando me estaba afeitando el sobaco. Ella venía empujando el carrito con un hombre adentro. El hombre no tenía pies. Luego, la vi brincar la cerca y sacar algo de la uva caleta y en seguida lo restregó en los mochos que tenía el hombre, y de pronto le empezaron a brotar dos piernas con uñas y todo. Yo me quedé maravillada y espantada a la vez. Le juro por los restos de mi abuelita que me crió y que no la pude ver más porque se quedó en Cuba que lo vi todo de la ventana, y por eso aquí me tiene rezando mucho porque tengo un problema con las uñas que se me parten. *Hello, hello, is this the police station? This is Mr. Olsen. No, I don't have time to sign a formal complaint. The foreign plague is here! Cheeseburger,* bacalaítos, root beer! ¡Estampitas, astillas y hojitas santas! Estampitas de San Guiven rezando al lado del árbol con su orden de una pizza mediana y una jarra de Bud. Y déjeme decirle que le brotaron dos piernas y una mano con cinco dedos. Se lo juro por la salud de mi hijito, Tony. *If Superman could only hear me, but they even broke my watch!* Toca el árbol, Monguito. Tócalo, mijito, pa' que se te cure la patica. ¡Mamá, ya puedo caminar, ya puedo caminaaar! Apúrate Many y échate un poquito de savia en el rabito pa' que te funcione otra vez. ¡Hazlo por mí, Manolo! ¡Ok, Barbarita pero na' ma' que un poquito! ¡San Guiven! ¡Es San Guiven! Está posándose sobre el árbol santo. Arrodíllese todo el mundo...ruega por nosotros los pecadores ahora y en la

hora de...ironbeer, pasteles de guayaba, alcapurrias puer-
torriqueñas y arepas venezolanas además de serpentinas,
confeti y una foto de usted junto a San Guiven y el
árbol por sólo $3.99 aquí en el kiosco de su American
friend: *Mister Olsen's Old Kentucky Home Mini Market.*
¡Te dije que la próxima vez que me miraras a la novia
así te iba a partir la cara! ¡Abran paso que voy con el
machete! ¡Óigame, suelte el machete que esa rama es
mía! ¡Yo la vi primero! ¿Quién me tocó la nalga?
¡Manolo! ¡Increíííble!

San Guiven

Episodio 24

...Y ahora otro emocionante episodio de la telenovela que conmovió a todo Miami hace veinte años, y ahora lo vuelve a convulsionar con imágenes y colores digitalmente remozados y las voces originales ahora presentadas en surround sound, calidad ZXX. Disfrute del teledrama que vuelve a cosechar triunfos al compás de los últimos avances de la ciencia.

—¿Y a qué altura levitó?

—Diría que unos cuatro metros y por último le desenredó la cometa que se le había enredado en los cables de la electricidad a uno de los hijos de Doña Mima. Yo casi aseguraría que la cometa estaba a unos diez metros.

—¡Diez metros! (Música de suspense.)

—Sí, diez metros.

—¿Y utilizó guantes de goma para tan arriesgada labor?

—No. Lo hizo con sus propias manos.

—¿Y no se electrocutó? ¡Esos cables son de alto voltaje!

—No, señor párroco. Eso se lo puedo asegurar yo y toda la gente que lo vio.

—¡Sorprendente! Es preciso exponerle el caso al señor obispo.

Si su esposa no es en realidad su esposa y ella no lo sabe, comuníquese con el Show de Titina. Llame al 1-800-4TITINA. ¡La llamada es gratis! No pierda esta fabulosa oportunidad.

—¿Tiene una cita con su eminencia?

—Sí, señorita Landa. A las 11:59.

—¿Su nombre?

—Padre Espino.

—Sí, sí pase. Le está esperando.

—Padre Espino, ¿qué le trae por aquí? ¿Algún dinero para la verbena de su parroquia?

—No, su eminencia. Es algo mucho más delicado que requiere sus sabios conocimientos en esta materia.

—Pues usted dirá, Padre.

—...

—Muy interesante, Padre. Pero, ¿existen otras pruebas que pudiésemos presentar?

—¡Su eminencia, hay tantas que llenarían un libro! ¡Pero esta última me ha dejado estupefacto!

—Y, ¿a qué se dedica este buen señor?

—A la cría de pavos.

—¿Pavos?

—Sí, pavos, guanajos, guajolotes, ¡chompipes!

—Entiendo perfectamente la palabra. No había necesidad de americanismos. Sólo me sorprendió su ocupación. Usted comprende, señor párroco que será difícil declarar santo a una persona en vida. Pero, créame, haré todo lo posible. Mañana mismo expediré su caso a la más alta autoridad eclesiástica en esta materia, al Cardenal Firmat. Pero antes de que se vaya, ¿está usted segurísimo que levitó más de diez metros?

—Sí, su eminencia.

—Pues en usted confío para llevar a cabo este arduo proceso.

—Gracias, su eminencia. (El párroco besa el anillo de su eminencia. Música de final de episodio.)

No se pierda otro sorprendente episodio de San Guiven y recuerde que si maneja no beba y si bebe, beba Materva, estomacal, digestiva.

Wrong Channel

Mima esperaba impacientemente a su amiga, que la iba a llevar en carro, y el sudor le resbalaba de las cejas hasta la taza de café, la tercera que tomaba. Iba hacia la cocina cuando oyó los ronquidos del viejo Impala de Barbarita.

—Por fin llegas —le gritó Mima desde el porche.

—¡Es que esta máquina no quería arrancar!

Mima se subió, acomodó el espejo retrovisor, y se puso suficiente rouge en las mejillas para darse un aspecto más saludable. Quería causar una buena impresión al doctor que le iba a aprobar los certificados médicos para su tarjeta de inmigrante. Camino al hospital Jackson Memorial, Barbarita le habló de un posible trabajo de auxiliar de maestra.

Cuando la enfermera finalmente llamó, Mima tropezó tumbando todas las biblias y las *Selecciones del Reader's Digest*.

—Lo siento señora, pero usted no puede pasar —le dijo la enfermera a Barbarita cuando ésta quiso entrar con Mima.

—Yo soy la intérprete —respondió la políglota.

—*No good* —dijo el médico haciendo un gesto de preocupación mientras entraba con los rayos X de Mima. Luego el doctor le dijo a Barbarita: —Pregúntele si ha tenido TB.

Barbarita se volvió hacia Mima: —Pregunta que si alguna vez has tenido un televisor.

—Dile que sí, pero en La Habana. No en Miami. Pero mi hija sí tiene un televisor aquí.

Barbarita miró al doctor y tradujo: —Ella dice que tuvo TV en Cuba, no en Miami, pero que su hija tiene TV aquí.

—En ese caso tendremos que examinar a su hija para ver si también tiene TB.

Barbarita le tradujo a Mima otra vez: —El doctor dice que necesita examinar el televisor de tu hija para ver si funciona, de lo contrario no te van a dar tu tarjeta de inmigrante.

—¿Para qué va a examinar el televisor? —le preguntó Mima, abismada.

—¿Cuántas veces no te he dicho Mima, que aquí necesitas comprar un buen TV? —le espetó Barbarita—. ¿O es que no te has dado cuenta que ahora vivimos en los Estados Unidos?

No te lo puedo decir, Pepe

Mirta se levantó en la mañana y limpió el baño hasta que todo quedó resplandeciente. Se quitó su bata raída y se paró frente al espejo del cuarto. Abrió el bote de crema humectante Bella Aurora y se la untó sin escatimar por todo el cuerpo. Contemplaba su figura mientras se quitaba el exceso de crema con una de las servilletas del McDonald's que guardaba en su servilletero original. No lo había robado; Mirta siempre traía a casa souvenirs de sus visitas: el servilletero, la toalla del Holiday Inn, la colección de ceniceros del lobby del Doral, los jabones de lavanda de los baños del Fontainbleau.

Se vistió con su juego favorito: unas zapatillas de bailarina amarillas y un vestido escotado color turquesa. Se sentó al borde de la cama y se trenzó su larga cabellera. Cuando terminó, extrajo una pluma de avestruz de uno de los cajones y la pasó por la trenza para darle firmeza. Mirta sacó el carro de la compra del armario y salió camino a la tienda de Pepe. Estaba lloviznando y corrió de toldo en toldo huyendo del agua. Cuando no hubo más toldos, se refugió bajo los flamboyanes florecidos.

«Se va a morir mucha gente este año. Los flamboyanes están repletos de flores», pensó mientras se refugiaba bajo el último árbol.

Al llegar a la tienda llovía a cántaros.

—Señorita Mirta, déjeme traerle una toalla para que se seque.

—Gracias, Pepe. Se me olvidó traer la sombrilla.

—Bueno, señorita Mirta, a partir del mes de mayo hay que salir siempre con una sombrilla.

—Ya sé, pero sólo lloviznaba cuando salí de casa.

—Bueno y ¿cómo le va?

—¡No muy bien! He tenido tantos trastornos.

—¿Qué le pasa?

—No te lo puedo decir, Pepe.

—Ah, cosas de mujeres, ¿no?

—Quizá sea así.

—¿Y en qué puedo servirle hoy, señorita Mirta?

—Dame cuatro saquitos de arena para gatos, tres cajas de tinte azul verdoso y una cajita de Alka Seltzer.

—¿Tiene el gato enfermo?

—Dame también una botella grande de aceite de coco. Asegúrate que sea la que tiene las bailarinas hawaianas. Por cierto, Pepe, ¿te gustaría venir a una fiesta en la playa el próximo sábado? Va a ser en la playa más bella del mundo. Fue allí donde conocí a mi primer y único amor cuando tenía quince años. Sólo lo miré y supe que era mi rey.

—Bueno, señorita Mirta, tendría que consultarlo con Pepito, mi hijo, para ver si puede venir y hacerse cargo de la tienda. Está tan ocupado últimamente. Haré lo posible por ir con Migdalia, mi esposa. Será fácil de convencerla. A ella le encanta la playa.

—Trata de venir y tráete una nevera llena de cerveza. ¡Cómo nos vamos a divertir! Bueno, Pepe, aquí tienes lo que te debo.

—Gracias, señorita Mirta, antes de que se vaya déjeme darle una de las tarjetas de mi nuevo bar. Lo abrimos el próximo miércoles.

—¿Pero vas a cerrar la tienda?

—¡Qué va! Abriremos la tienda hasta las siete y después de esa hora será un bar. Tome, con esta tarjetita usted y una amiga pueden entrar gratis.

—Qué amable eres, Pepe.

—Bueno, señorita Mirta, salúdeme a todos en el barrio.

Mirta terminaba de pegar la última tira del papel con cocoteros y soles en las paredes del cuarto de baño. Miró su obra con satisfacción mientras alisaba el último panel. Luego pasó a la cocina y buscó el molinillo de café. Se sentó a la mesa y comenzó a moler la arena para gatos hasta convertirla en un fino polvo. Al terminar de moler, cubrió de polvo la bañera a diferentes niveles de profundidad. Luego abrió el grifo, y comenzó a disolver el colorante azul verdoso en el agua.

«Vamos a ver. Quizás un poco más. Tiene que ser de un color aguamarina.»

Para crear las olas y la espuma, colocó el ventilador y lo puso en máxima velocidad mientras dejaba caer cuatro pastillas de Alka Seltzer. Poco después se acordó que las brisas eran siempre cálidas, y posó el calentador portátil sobre la tapa del inodoro.

Mirta se sentía feliz. Se cubrió el cuerpo con aceite de coco y se puso sus lentes de sol. Hizo una pirueta aérea y cayó sobre la arena. Estaba desnuda. Miró a su alrededor y sintió su soledad. Abrió uno de los cajones del baño y sacó un puñado de diminutas figuras plásticas y las acomodó en varios lugares de la playa.

—¡Ay, Varadero está tan concurrido hoy! Pero nos vamos a divertir de lo lindo. ¿Ven aquél que me mira tan intensamente? Es mi novio. Lo conocí a los quince años. ¡Imagínense! Me pregunto cuándo llegarán Mima, los niños, Pepe y su señora. Él quedó en traer la cerveza y Mima las papas fritas. Tengo hasta los salvavidas para los niños por si acaso no saben nadar. Les avisé a Manolo y Barbarita, pero ella me dijo que si venía Mima, no vendría. Yo invité a Mima primero y entonces Barbarita se puso con pesadeces. Así es la vida, no siempre se puede complacer a todos.

Los quince

A *quince* is a globose strong scented fruit of the rose family that resembles a hard-fleshed pear and is used for jelly and preserves. Its large whitish flowers are solitary at the end of young branches.

—¡Mima, apaga la luz del garaje que no vamos a tener pa' la fiesta de la niña! —gritó Joaquín mientras freía las masas de puerco para confeccionar los tamales.

Hacía más de cuatro años que Joaquín y Mima ahorraban hasta el último centavo. Él trabajaba de vendedor ambulante, dispensando tamales, croquetas, papas rellenas y mariquitas al hambriento público. Era una ardua labor que comenzaba con disputarle a los limoneros las esquinas más productivas. Ella laboraba de conserje en una escuela y por la noche rebanaba y freía plátanos verdes para elaborar sus Mima's Plantain Chips. Soñaba con grandes camiones de distribución surcando toda la ciudad y luego el país con su sabroso producto.

Tenía la feliz pareja tres hijos, dos varones y una hembra, Caridad.

—Cary, el lunes tienes que ir a la costurera —afirmó Mima mientras zambullía una rebanada de plátano en la burbujeante manteca.

—¡Ya fui la semana pasada! No quiero fiesta, quiero otra cosa —recalcó Caridad—. En esta casa todo es tener que... No puedo ir al cine pues se gasta gasolina, no puedo ver la televisión pues se gasta electricidad. Aquí todo es no.

—Algún día nos lo vas a agradecer, criatura. Ya verás qué fiestona te vamos a dar. La de la hija de Barbarita, esa muerta de hambre, no va a ser ni la chancleta de la tuya. ¡Se va a morir de envidia!

Caridad optó por no seguir hablando. Se hizo la que leía una revista mientras pensaba que tendría que lidiar con la costurera. Ella se sentía feliz en sus jeans. Además, no era del todo esbelta. Las inyecciones de aceite de hígado, las vitaminas, recomendadas por el doctor Robau, y sobre todo la cajeta con mermelada de guayaba la habían convertido, al llegar a la edad del desarrollo, en una hermosa señorita de ciento sesenta y cinco libras.

La voz de Mima la sacó una vez más de su ensimismamiento.

—Cary a comer, mi lucerito —y entonces dirigiéndose a su marido dijo: —Joaquín vamos a tener que llevarla al médico. ¡Está muy desganada!

—Son los nervios, Mima. Es algo muy grande pa' la niña!

—¡Tiene que comer que en tu familia hubo muchos tísicos!

Caridad se acomodó en la silla frente a aquel plato que tenía aspecto de olla de paella. En aquella inmensa hoya se habían dado cita el arroz, los frijoles, las mariquitas, el biftec empanado y un muslo de pollo frito que había sobrado de la cena anterior. La joven miró la comida y resignada la devoró. Mima, satisfecha, sonreía de placer.

Caridad recibió exactamente el dinero para el autobús y entre apática y exasperada subió y se sentó pensando en cómo les diría a sus padres que quería ser *cheerleader*. Se apresuró en bajarse diez cuadras antes de la casa de la modista frente a la escuela. Caminó hasta el campo de deportes y apoyó la cara contra la cerca. Observó con admiración las piruetas de las *cheerleaders* que practicaban para el próximo juego. Miró el reloj de pulsera y supo que llegaría tarde a la cita. Caminó velozmente cantando el *cheer* que había escuchado minutos antes: «*Shake it to the left, shake it to the right. Mighty Scorpions can't be beat!*» Pensó que luego tendría que escuchar las griterías de su madre. Pasó frente a la tienda de Pepe y compró un cartucho de maní. Cuando llegó a casa de la costurera comenzaba a relampaguear. Gloria le abrió la puerta.

—¡Muchachita, ya lo tuyo no tiene nombre! Cada vez más tarde. ¡Que se lo voy a decir a tu madre! —la amonestó y le indicó que se sentara mientras terminaba otra de sus creaciones.

Caridad aguardaba hojeando el catálogo de los diseños de Gloria da Hialeah. Le llamó la atención la Sirena Encantada rodeada de su corte de langostas, cobos, cangrejos, algas, camarones, langostinos, estrellas, berberechos, calamares, erizos, caballitos de mar, almejas, jaibas, mejillones y abanicos marinos. Cuando Caridad se disponía a pasar la página y ver la siguiente creación de la modista, ésta la mandó a pasar y en seguida se puso a laborar en lo que habría de convertirse en una impresionante obra. Sería un sencillo traje labrado en piedras del rin, esmeraldas, rubíes, zafiros, perlas y nácar.

Gloria le entallaba el vestido de princesa del Nilo, mientras comentaba con la taciturna Caridad.

—M'hijta, a esta princesa la mordió una culebra. ¿Pero adivina dónde la mordió?

—No sé —dijo malhumorada la quinceañera.

—¡Nada menos que en el seno! Imagínate lo que le dolió. Tú me matas ahora y no te puedo decir qué fue exactamente lo que pasó. Lo único que sé es que pasó hace muchísimo tiempo, y creo que fue cerca de España. A ver, mírate en el espejo.

Caridad se contempló en el espejo. Tenía una apariencia verdaderamente radiante, con tantos destellos de piedras preciosas.

—Acuérdate, mi cielo, que las catorce damitas tienen que venir a probarse antes del sábado. El domingo me voy a Georgia a ver a la Virgen con el Padre Espino y un grupo. Imagínate que tengo que estar en La Carreta a las cinco y media de la mañana. Si no se entallan el sábado las veo muy mal. Oye, que no se te olvide.

—Sí, señora. Mi mamá las llamará por teléfono.

—Dile a tu mamá que las últimas mariquitas que compré estaban bajas de sal.

Caridad fue al probador. Se quitó el traje y cerró la puerta sin hacer ruido. Tomó el autobús de la Avenida Veintisiete y se sentó en el mismo asiento posterior para evitar las ordinarieces del chofer. Durante los treinta minutos del trayecto se entretuvo tirando las cáscaras de maní desde la ventanilla.

—Mima, hay que llamar a Barbarita pa' que nos informe bien de lo que hay que hacer en el *ball*. Ella fue a Europa el año pasado y estuvo tres noches en París —afirmó Joaquín.

—¡Mira, Joaquín, primero muerta que rebajarme a esa muerta de hambre! ¡Eso de que fue a París es puro cuento! —Mima se llevó a los labios los dedos en cruz.

—Pues mira que no sabemos si se empieza con un vals, un danzón o un bolero.

—No lo sabrás tú. Se empieza con un vals pues se da mucha vuelta —dio un par de vueltas alrededor de su marido—. ¡Así!

—Ya que sabes tanto pues arregla lo del local. Fíjate que quiero que sea en el Salón Sofía, que es el más distinguido.

—Pero el Casa Blanca nos da mejor precio.

—Te dije que pa' Cary lo mejor. Anda y ve a hacer los arreglos que eso son cosas de mujeres.

—Mira, cállate y si pasa Clotilde, la mujer de Ignacio, a comprarte algo no olvides de invitarla a la fiesta. ¡Ésa sí es gente distinguida!

Faltaban horas para el evento y la casa estaba tensa. Joaquín se probaba la casaca egipcia y Mima se echaba spray en el pelo para que no se le cayera el peinado estilo María Antonieta. Las pestañas postizas que se había puesto para la ocasión, demasiado pesadas para sus párpados, le daban aspecto de embriagada. Caridad, con la ansiedad, había comido como nunca, aumentando casi nueve libras. Cuando se puso la creación de Gloria había necesitado a ambos padres para que la ayudaran a meterse dentro del traje. La princesa del Nilo ahora parecía una boya lumínica.

Comenzaba la fiesta y el Salón Sofía había alcanzado

aspecto de tumba egipcia. En el fondo de dicho local se observaban dos gigantescos murales de las pirámides flanqueados a ambos lados por dos masivas estatuas de cabezas de faraonas barbudas, hechas con papier maché. En el mismo epicentro del salón se había colocado una piscina de plástico rodeada de arecas, semejando un oasis.

Frente a frente de las cabezas de faraonas se hallaba el majestuoso trono de la soberana, una silla enorme incrustada con todo tipo de bisutería. Al pie del trono, la alfombra dorada guiaba hacia el oasis.

Todo el decorado había sido obra de Sara Bosard, la asistenta de Gloria da Hialeah, quien, extasiada por su propia creación, había gritado a todo pulmón: «¡Regia y fabulosa!» Los invitados iban llegando y se acomodaban cerca del oasis, vecino a las pirámides o al pie del trono. La única del barrio que faltaba era Barbarita. No había sido invitada. Minutos antes de que comenzara la música había llamado a Mima para maldecirla.

Las cornetas anunciaban la llegada de la princesa y su séquito de doncellas, escoltadas por sus respectivos galanes, uniformados de esclavos nubios. Regia y fabulosa, en competencia con el salón, con sonrisa de luna cuarto menguante, hizo su entrada triunfal Caridad Rodríguez López, princesa del Nilo, montada en aquel dromedario bermejo que habían alquilado para la ocasión. Su padre lloraba y suspiraba de emoción. Había valido la pena los ocho mil dólares de gastos. Las notas de «Los Bosques de Viena» retumbaban, y antes de bailar la primera pieza con su retoño, un tembloroso Joaquín se sonaba la nariz. Los aplausos se hacían eco y los vivas se precipitaban contra las pirámides. Edgar Fernández, el Marco Antonio de la princesa, se acercó a la danzante pareja y con una reverencia le pidió continuar la pieza al augusto faraón.

«¡Qué ritmo! ¡Qué vueltas! ¡Qué precisión! ¡Miren cómo se deslizan! ¡Qué acoplamiento musical!», aclamaba el entusiasmado público.

Cesó la música, pero la pareja seguía bailando. La música se reanudó y en una de las vueltas Edgar pudo desafiar la fuerza centrífuga que lo unía a su pareja. Exhausto, había caído dentro de las aguas del oasis. Los acordes musicales continuaban y Caridad bailaba como un trompo. Giraba sobre su propio eje y se trasladaba velozmente de un lugar a otro del salón.

—¡Qué belleza! ¡Parece un arco iris! ¡Qué estámina! —exclamaba Clotilde, maravillada.

—El vestido se lo hice yo —apuntaba Gloria da Hialeah.

Los músicos cayeron extenuados y el vals cesó. Los aplausos amenazaban con quebrar la cristalería de tanta vibración. Pero Caridad seguía bailando, girando, trasladándose.

—Mami...mamaita...Pa pi....Pa pa í to...No puedo parar. I *can't stop*... No puedo paaa...raaar...

—¡Alguien que cierre la puerta que se nos va la niña! —gritaba Joaquín, desesperado.

La rotación se hacía cada vez más rápida, elevándola a tal altura que amenazaba con darse contra la araña que colgaba del techo. Era Caridad un remolino multicolor.

—¡La niña, San Guiven, se me mata la niña! —gritaba Mima desesperada—. ¡Hagan algo, Virgen de la Caridad, hagan algo!

Se acabó la fiesta y tan sólo quedaron Joaquín, Mima y la familia inmediata. Aguardaban al Padre Espino. Éste llegó con una palangana de agua bendita que utilizó para regar al trompo cada vez que cruzaba por su lado.

Todo fue inútil, ni agua bendita, ni frases en latín lograban inmovilizarla. La princesa seguía girando... Quizás giraría hasta consumirse.

—¿Por qué, Padre Espino? ¿Por qué? ¿Qué daño le hemos hecho al mundo? ¿Por qué? —Mima sólo atinaba a decir, volviendo a repetir las mismas palabras.

—Calma, señora. Hay mucha maldad en el mundo, mucha envidia. Pero tenga fe, mucha fe. El Señor nos envía pruebas muy difíciles de comprender. Fe, mucha fe...

Y el sacerdote seguía rociándola con agua bendita cada vez que giraba cerca...

San Guiven

Episodio 26

....(Música de comienzo de telenovela, suave y melancólica.)

—Sí, Mister Guiven. ¿En qué pudiera servirlo?

—Necesito que me preste su camioneta para el próximo jueves, si fuera tan amable. Y si tuviera tiempo, que me ayudara a repartirlos.

—¿Todos?

—Sí, todos.

—¿Pero no sería buena idea que se quedara con una pareja? Después de todo usted ha dedicado toda su vida a estas criaturas y sin ellas se sentirá solo.

—Lo sé. Pero ellos los necesitan más que yo.

—Pués estaré aquí el próximo jueves al amanecer y los repartiremos todos.

—¡Gracias!

El próximo miércoles 21 de mayo a las ocho pasado meridiano en el Aula Magna de la Universidad de Miami la Doctora Barbarita González dictará una conferencia sobre la

policromía en la pintura de Emilio Falero. No deje de asistir a este evento cultural. ¡Éste ha sido un mensaje comunitario de la estación que marcha al ritmo de la comunidad!

—Sí, Padre Espino. Fue en el preciso momento que repartimos el último pavo que le empezaron a salir plumas en los brazos. Había una cola larguísima de desposeídos, y cuando se corrió la voz de lo que estaba ocurriendo comenzaron a gritar que era un milagro, que se estaba volviendo un ángel. Pero empezó a llover en ese mismo momento que la multitud gritaba: «¡Que vuele! ¡Que vuele!»

—¿Y voló?

—Yo estoy seguro que hubiera volado.

—¡Aquí no nos interesan sus opiniones sino los hechos! ¿Voló o no voló?

—El agua le fue tumbando las plumas una a una, gota a gota. Y la gente que había gritado milagro ahora vociferaba embuste, embuste, afirmando que se había pegado las plumas con cola. Pero a mí me consta que él no se echó nada. Yo estuve a su lado y bien vi que eran sus propias plumas. Eran muy suyas y no falsas.

—Entonces, ¿por qué se le cayeron?

—¡Qué sé yo, padre!

(Música de «Claro de Luna» de Beethoven)

—Todo esto se lo juro a usted por mi hijita Jimena que es lo más grande que tengo en la vida.

—Bien, bien, le creo. No hacen falta falsos juramentos. ¿Diría usted que de cada folículo le nacía una pluma?

—¿Folículo?

—Es el conducto por donde brota el vello, los pelos del brazo en este caso.

—Pues sí, padre. ¡De allí mismito le salían las plumas!

Debido al final de la telenovela de las siete, cuya conclusión ocupará las transmisiones de siete a diez de la noche, éste, su Canal 27, le recuerda que el episodio del próximo lunes de San Guiven será transmitido a las diez de la noche, y no en su habitual espacio de las ocho. Teniendo presente la gran importancia de este programa en su cotidiano vivir, la gerencia de esta estación, su estación, se siente obligada a comunicárselo con seis días de antelación. Les rogamos nos perdonen cualquier inconveniente que este cambio pueda ocasionarles en sus horarios.

Sabiduría

—Barbarita, ¿cómo es que estás de tícher assistan?

—¡Es que la semana pasada me gradué de la Escuela Normal!

—¿De qué anormal?

—No anormal. De la Normal de Manguito.

—¿Y qué es eso?

—Mira, mi amiguita, déjame explicarte. Me enteré la semana pasada que se había abierto un puesto de tícher assistan en el elementary de la esquina y lo solicité.

—¿Pero pa' eso no se necesita ser maestra?

—Mira, mi cielo, déjame explicarte que en este país todo es posible. The land of opportunity, honey! ¡Y a mí las *opportunities* no se me escapan! He tenido un día muy agitado. Me pudieras traer un poquito de café pa' coger energía y seguirte el cuento. ¡Me lo haces fresco, no café recalentado!

—En esta casa no se le da café recalentado a las visitas. Aquí tienes, y con espumita como a ti te gusta.

—Bueno, siéntate, para que te enteres. Pues entregué mi solicitud, aquí se dice *application*, y le dije a la americana que yo estaba capacitada y que había sido maestra en *my country*. *Country* es país en inglés. Me pidió el diploma y yo le dije: «*Sorry* pero no lo pude traer de allá. Vine en balsa». Entonces me pidió alguna prueba y ay de mí corazón, se me vino el cielo arriba, pero tú sabes la luz natural que yo tengo y San Guiven me iluminó y le dije: «Ai bringui tumoro». Eso quiere decir que se lo traía al otro día. Imagínate, llegué a la casa vuelta loca, pensando que en qué lío me había metido. Chica y con tan buena suerte que Migdalia, la mujer de Pepe el dueño del grocery, se me apareció en la casa.

—Pero, ¿Migdalia se murió?

—¡No, mi ángel, no está muerta! Le conté mi problemita y ella me dijo que un señor que ella conoce era conserje de una normal de allá.

—¿Qué es una normal?

—Chica, una normal es como una fábrica de maestros. Bueno pa' serte sincera yo hasta ese momento no sabía qué era una normal. Resulta que este hombre se había robado los cuños oficiales de esa normal.

—¿Y qué pasó?

—Niña, qué poca paciencia tienes. De niña, tú habrás sido hiperactiva. Es una palabrita nueva que aprendí en la *school*. Bueno llamé al hombre y en seguida me pidió referencias. Le di la de Migdalia. Pa' hacerte corto un cuento largo, pues aquí nadie tiene *time* ni pa' hacer caca, fui a verlo y le expliqué el problemita que tenía y me dijo: «*No problem!* ¿Qué quiere ser: bachiller, maestra normalista, sicóloga, doctora en pedagogía? Si quiere el de doctora tengo que llamar a mi amigo Rigo. No tengo ese cuño. Rigo tiene el de doctora, sicóloga y otorga ciudadanía cubana a extranjeros.» «Bueno, ¿y qué tengo que hacer?» le dije yo. ¿Sabes lo que me respondió?

—¿Qué?

—Nosin, nada. Suélteme cinco Jacksons. Mire el de maestra normalista lo tengo en *special* esta semana. Con el cuño oficial, los sellos del timbre y la jubilación del maestro le va a salir en cien dólares *cash*, ¡no credi car plis! Yo le dije que sí con la cabeza y entonces se aparecieron tres hombres, dos del traspatio y el otro del cuarto de baño. Resultó ser que eran los testigos y el notario. Todo fue muy legal. Los testigos juraron ser compañeros míos del curso del año 40 en la Normal de Manguito, y yo juré ser primer expediente y con la misma el normalón, que así yo le puse, descargó el cuño contra el pergamino.

—¿Qué es un pergamino?

—Tita, vas a tener que leer más. Ser más culta como yo. El pergamino es un papel viejo pa' poner el cuño, pa' que luzca más bonito. En seguida los testigos firmaron y el notario le puso su cuñito, te digo cuñito

porque el otro fue un cuñón. Y aquí me tienes mi amiguita hecha toda una normal. Hoy mismitico fui a
Gilbertico's Photo Studio y me sacó una ampliación de
16 x 20. Me retraté vestida con una bata larga negra y
un sombrerito cuadrado de lo más mono, sosteniendo
un libro en la mano derecha. Fíjate que ya yo no
aguanto. Nosotras las normales sostenemos.

—¿Y qué libro escogiste pa' la foto?

—Mira que eres curiosa. Un libro azul muy bonito
de recetas de Nitza Villapol. Pero le viré la portada pa'
que nadie lo viera. Oye, no es que se me haya ido la
graduación a la cabeza, pero todos en la casa ya me
dicen la normal Barbarita. Yo les expliqué que ser normal es casi como ser doctora, como cincuenta dólares
más barato, eso es todo. Déjame decirte que para el año
que viene me hago doctora y hasta quizás aspire al
puesto de esa tícher. ¿Qué te parece si abres una bote-
llita de sidra pa' celebrar?

—Déjame ver si me queda una.

—Sí, tienes una detrás del galón de leche, le vi el pico
hace un rato cuando abriste la nevera. Estaba ahora
mismo pensando que si te embullas te haces normal
igual que yo y pa' el año que viene, cuando ya yo sea
doctora, abrimos una academia, algo así como Barbarita
and Tita's Academy School For Normals. Le ponemos

el nombre en inglés pa' que sepan que somos bilingües. Bueno mi amiguita tú no me tienes que tratar de normal ni na', pa' ti yo siempre voy a ser la Barbarita González que conociste en la escuela de corte y costura de Matanzas. Bueno tengo que irme que Manolo está al llegar del trabajo. Antes de que se me olvide, ¿te dije que me compré un Falero lindísimo?

—¿De qué color?

—Es azul oscuro y blanco.

—¿De qué año?

—No se de qué año. Debe ser de este año.

—Yo estoy convenciendo a Ramiro para comprar un sonderber de paquete, ¡con *power stearing* y cristales calobares!

—Tita, un Falero es un cuadro. ¡Qué va ya se nota la diferencia cultural entre nosotras! ¡Tienes que hacerte normal!

—¿Has sabido algo de Mima?

—Mira, no me hables de esa gente. Con todas las veces que la llevé al Jackson y le serví de traductora con lo de la *green card*, y no tuvo la delicadeza de invitarme a la fiesta de la hija. Bueno, Tita, pa' qué hablar de temas desagradables cuando hoy estoy tan contenta.

—¿Sabes quién anda perdida?

—¿Quién?

—Nelia López, la vieja que vivió en la casa verde de la esquina, la que era amiga de tu mamá. La última vez que la vieron iba con Mike, el nieto, pa' Key Biscayne. El nieto dice que no es así, que la última vez que vio a su abuela iba para Dadeland Mall con Samy. Te apuesto que tenía una buena póliza de seguros y la liquidaron. Además, qué casualidad que la hija mandó a hacer una piscina y está más fresca que una lechuga.

—¡Tita, que mal pensada eres! Seguro que se metió en casa de alguien y se quedó dormida.

—Bueno, será como la bella durmiente, pues hace más de un mes que desapareció.

—Ahora sí que me tengo que ir. ¡No me llames de ocho a nueve que estoy viendo el último capítulo de la novela!

San Guiven

Episodio 29

...Y ahora otro perturbante episodio de la telenovela que ha hipnotizado al público de esta "Magic City". Ofrecido hoy sin cortes comerciales, cortesía de la leche condensada La Lechera, la única que hace que su flan sea la envidia de sus amigos y ahora fortificada con CoQ 10, y por Quiba Na' Khan la empresa funeraria que sí envía a sus seres queridos a dormir el sueño eterno en el suelo que los vio nacer y ofrece facilidades de pago.

—¡Que pase el testigo número ochenta y ocho!

—Siéntese, por favor. ¿Su nombre?

—Manuel Gonzales, capitán Manuel Gonzales. Gonzales con *s* porque abuelo era un marino portugués.

—Pues bien. ¿Está usted seguro de que todo lo que afirmó en su declaración es cierto?

—Sí, su eminencia.

—¿Es usted consciente que mentir es materia grave?

(Silencio)

—Contésteme.

—Sí, pero yo no miento. No ha existido un Gonzales mentiroso.

—¿Pudiera asegurar usted que las plumas eran de él y no falsas?

Si usted tiene un secreto que le ha abrumado toda una vida, y aunque siempre ha querido nunca ha tenido el valor de revelarlo, póngase en contacto con el Show de Titina. Marque el uno ochocientos cuatro te-i-te-i-ene-a. ¡El peso que se quitará de encima cambiará el curso de su vida!

—Sí, ¡y muy suyas que eran!

—¿Le vio usted volar en algún momento?

—No, puesto que no había plumado del todo.

—¿Diría usted que es o fue un ángel?

—Pues...

—¡Conteste sí o no!

—Un ángel ángel no, pues nunca lo vi volar y todo el mundo sabe que los ángeles vuelan. Pero un casi ángel sí pues le estaban saliendo las plumas y la cuestión de volar la hubiera aprendido en un par de semanas.

—¿Y dónde cree usted que se encuentre ese sujeto?

—No sé qué decirle. Me consta que en el cielo no está porque se le cayeron las plumas. Además estamos en época de lluvia y si le vuelven a salir se le volverán a caer.

—Entonces, a su juicio, es que debe de estar en algún sitio, escondido.

—Sí. O quizás se haya marchado a otra comarca.

—Le agradecemos su cooperación.

—¿Me permite el teléfono para llamar a mi esposa, Barbarita?

—Está al fondo del pasillo.

(Se oyen los acordes de una guitarra a lo lejos mientras el Capitán Gonzales se aleja.)

—Padre Espino.

—Sí, su eminencia.

—Es mi opinión que podremos comenzar el proceso. *Argumentum ad judicium*. Evidentemente no es un ángel. Bien sabemos que los ángeles no son afectados por las lluvias. Esto significa que no está en el cielo. Por consiguiente, no correremos el riesgo de beatificar a un ser incorpóreo. Mañana enviaremos el fax al Cardenal Firmat. *Artis est celare artem*.

—Su eminencia.

—Dígame, señorita Landa.

—El señor Bóterbol de la American Turkey Industries espera audiencia. Me dijo le reiterara que es un asunto importante para ambas partes.

—Hágalo pasar.

(Música de suspense.)

Sintonice mañana otro emocionante episodio de este conmovedor teledrama y recuerde que la leche La Lechera sí es rica en vitaminas y Quiba Na' Khan no los deja en los cayos, a mitad de camino, sino que se los deposita en cualquier parte de la tierra más hermosa que ojos humanos vieran.

Y ahora breves de interés para la comunidad. La catedrática Barbarita de González dictará una conferencia en el Orange Bowl sobre el bilingüismo y la anorexia, y acto seguido nos deleitará con algunas joyas de sus poemarios, *Loa a las frutas* y *Canto a Borinquen*. Las entradas están limitadas. Compre la suya y escuche las sabias palabras de la doctora de González.

La cervecería

Ignacio Valls se apresuró para ganarle la carrera al nubarrón que amenazaba con echarle a perder el sombrero de fieltro y su único traje, el que llevaba puesto para la ocasión. Subió los peldaños del autobús y sonriéndole al chofer dejó caer una a una las monedas del pasaje.

—¡Dese prisa, no ve que me estoy empapando! —gritó el hombre con aspecto de rombo, cuyo trasero había quedado suspendido en el aire, a medio engullir por las atragantadas puertas del autobús.

—Imbécil —escuchó Ignacio en el momento que lanzaba por la ventanilla la mitad del ensalivado habano dominicano que había estado masticando para ayudarle a pensar.

Diez cuadras cuesta abajo, el autobús se detuvo frente al inmenso grafito que adornaba la pared lateral del Ocean Bank para recoger al vendedor ambulante en busca de mejores esquinas. También subieron las tres guatemaltecas cuyas ensopadas pertenencias eruptaban por los huecos de sus hidratados sacos de yute.

—Esta ciudad anda mal —murmuró entre dientes Ignacio Valls.

Iba a añadir algo más cuando una mueca le veló el semblante al contemplar en el extremo izquierdo del dibujo una inmensa J invertida, la firma del artista. Recobró la compostura y esta vez dijo en voz alta:

—¡De ése no se sacará nada! ¡Igual que la madre!

Ignacio Valls echó la cabeza hacia atrás y acomodó la nuca en el asiento. Comenzó a repasar la conversación que había tenido con Enrique Díaz. Ésta había sido lenta por la falta de aire que interrumpía el ritmo de las palabras de su viejo amigo, volviéndolas, a veces, inaudibles. Ignacio recordó que la habitación estaba a oscuras, que había tropezado con el orinal cuyo borde sobresalía por debajo del somier, derramando la rancia orina que corrió por las ranuras de las losetas hasta llegar al pie de la cortina que sedienta lo absorbió con gusto. Todo olía a sudores, emplastos y jarabes añejándose en la colección de cucharas sin lavar que yacían sobre la mesa de noche. Enrique se había quitado la máscara de oxígeno y al hacerlo el tintineo de las medallas que acorazaban su pecho, eco de antiguas epopeyas deportivas, retumbó por la habitación.

—Ignacio, acércate —dijo Enrique con voz quebrantada—. Sabes que mi salud es muy precaria.

—No digas sandeces —dijo Ignacio un par de veces.

Enrique quiso responder pero una flema se interpuso.

Escupió, respiró profundo y entonces pudo continuar.

—Dos meses me quedan. Quizás tres, pero no mucho más —Enrique tosió y continuó hablando—. Por la larga amistad que nos une quisiera dejarte algunas propiedades en prueba del cariño y aprecio que te tengo. Algunas cerca de La Habana, otras en el campo.

—Bien sabes que sólo me interesa que te recuperes —replicó.

—Quiero testar a tu favor el almacén de víveres en la calle Carlos III y la finca Las Mercedes que tantos gratos recuerdos nos proporcionó.

—¡Qué tiempos aquellos! —Ignacio le guiñó el ojo a su amigo—. ¿Recuerdas a Santa, la hija del mayoral? ¡Qué hembra! Tú le cantabas, «En el lenguaje misterioso de tus ojos hay un tema que destaca sensibilidad...»

Enrique se llevó el índice a los labios en señal de que guardara silencio. Y esta vez fingió toser.

—No quería que continuaras cantando y que Purita te oyera. Las canciones de su juventud la entristecen si las escucha, por eso sólo pone canciones en inglés, que no las entiende. Pero hay algo más que te quisiera dejar, la cervecería.

—¡Me siento honrado! Pero, y tus hijos, ¿no se opondrán? —preguntó Ignacio.

—Se ríen. ¡No les importa! —subrayó el enfermo.

—Sólo por la estrecha amistad que nos une acepto tu decisión. Te prometo que cuidaré de esos bienes y los multiplicaré.

—Abre ese cajón y saca las escrituras. Ten cuidado, que están al desintegrarse.

Ignacio las sacó con cuidado.

—Toma —dijo extendiéndole los amarillentos folios.

—Ayúdame a firmar. La mano me tiembla mucho —Enrique firmó lentamente, fueron minutos interminables en los que Ignacio rezó porque no falleciera antes de terminar.

—Te falta el acento en la i de Díaz —recalcó Ignacio—. Pero yo se lo pongo —el futuro propietario se apresuró en agregar.

—Te acabo de traspasar las propiedades, con efectividad el día en que muera —Ignacio había escuchado las palabras con regocijo.

El autobús continuaba su recorrido por Coral Way, en dirección hacia el mar. Ignacio estiró sus artríticas piernas y soñó con sus propiedades. Estaba aún ensimismado cuando escuchó la voz del chofer indicando que el puente estaba roto y que tendrían que desviarse. Ignacio se incorporó y se apresuró en salir. El obeso del trasero mojado no lo perdió de vista, y sacando la cabeza por la ventanilla le gritó: —¡Viejo cagalitroso! ¡Cretino!

Ignacio caminó varias cuadras hasta la casa de Pelayo, el sastre. Tuvo que esperar unos minutos en el porche. Pelayo expurgaba la espalda de su mujer. Sufría de espinillas. Luego del saludo y ofrecimientos de café, cerveza o refrescos, hablaron de la situación en la ciudad, de cómo los tiempos habían cambiado, de los juegos de béisbol, mientras el sastre le tomaba las medidas y le preguntaba de qué lado cargaba. Ignacio quería unos pantalones a la medida y una guayabera bien confeccionada, de lino irlandés con botones de nácar. Éste sería el atuendo con el cual despediría el duelo de Enrique. Ignacio Valls llegó a su casa a las 12:37 p.m.

—¿Iñaki, eres tú? —resonó la voz de su esposa.

—Sí, soy yo —respondió camino al baño.

—¿Cómo sigue Enrique?

—Mal, muy mal —le gritó del baño mientras orinaba. Ignacio se jactaba entre sus amigos que el chorro tenía la misma intensidad que a los 27.

—¡Qué pena! Y Purita, ¿cómo lo toma? —Clotilde sonaba afectada.

—Enrique me cedió varias propiedades.

—¡Y para qué te sirven si no existen! ¡Escombros es lo que queda!

—¡Ya te veré disfrutando de ellas! —respondió airado.

—Mira, ayúdame a entrar la incubadora que parece que va a llover otra vez.

—¿Cuál es el apuro? Ya descargó la atmosfera —dijo Ignacio malhumorado.

—De todas maneras la humedad está muy alta y son cincuenta huevos de gallinas guineas que si nacen todos podremos luego vender los polluelos a cinco dólares la parejita. Serían doscientos cincuenta para pagarle la fianza a Jesse. Hoy es día de visitas. Tenemos que salir con tiempo para no llegar tarde. Tú sabes lo estrictos que son los guardias.

—¡Por mi parte que lo visite su madre!

—¡Jesse siempre pregunta por ti! —su voz fue casi un gemido.

—Sí, para que le mande dinero, que luego usa para ponerse dientes de oro.

—Me parte el corazón verlo allí. ¡Tan joven! Nadie se ocupó de él cuando era niño y vivían en Wisconsin y nosotros sin un centavo para ir a verlo.

—Búscame la libreta de teléfonos que tengo que llamar a Ángel y a Juan para que se preparen para lo de Enrique.

—¡No ves que estoy ocupada! —le contestó Clotilde exasperada.

—Mañana paso por San Juan Bosco para encargarle

una misa de cuerpo presente y de paso me llego hasta
La Tijera para comprar una bandera que cubra el ataúd.

—La madre lo abandonó e Ignacito era casi un niño.
Esa mujer le doblaba la edad.

—También llamar a la estación de radio.

—Le voy a llevar tocinillo del cielo que tanto le gusta
y un cassette de Poison Clan que me pidió. ¿Sabes
dónde puedo conseguir ese grupo? —preguntó
Clotilde.

—¡Eso sí es un amigo! ¡Hasta me legó la cervecería!
—dijo Ignacio, su voz llena de satisfacción.

Clotilde no le respondió. Destapó la incubadora y
tomando uno de los huevos lo puso contra la luz de la
lámpara del comedor y con regocijo observó el
embrión ya formado. Entonces le volvió a dirigir la palabra: —Y Purita, ¿sigue tan limpia como siempre?

—Restriega los pisos de la casa y echa tantos cubos
de agua que la casa se vuelve un arroyo con el agua
hasta los tobillos, desbordándose por los peldaños del
portal como una cascada. Luego cubre los pisos de
Pinesol y comienza de nuevo la limpieza dos horas
después.

—La comprendo. Extraña la patria. —por un instante
Clotilde parecía estar muy lejos de allí.

—Y ya se viste de medio luto, como para prepararse
para la eventualidad —respondió Ignacio con matiz

fúnebre—. Por mi parte, Pelayo ya me tomó las medidas para una guayabera nueva, digna de la ocasión.

—Y, ¿cómo la vas a pagar? —preguntó ella.

—Pelayo no mencionó la palabra dinero. Se huele que voy a heredar. Es muy astuto.

—Bueno, ahí te dejo la comida en el horno. Recuerda de apagarlo antes de salir. ¡Que lo único que falta es que se queme la casa! ¡Y no se te olvide cerrar bien la puerta del portal que luego entran mosquitos!

—¿Y a dónde vas? —preguntó Ignacio.

—Ya te dije que es día de visitas. Me voy a ver a Jesse, tu nieto. Pregunta mucho por ti. —Clotilde recalcó la última frase.

Ignacio no le respondió.

La siguió con la vista hasta que dobló la esquina. Luego fue a la cocina y abrió una lata de Ironbeer. Con la lata en mano, se dejó caer sobre la poltrona, salpicando los brazos de la misma. Entonces pensó en Enrique. Recordó que de jóvenes habían participado en las regatas del Yacht Club, y disfrutado de interminables noches de juergas. Y también recordó la ruina de su familia y el dinero que le había prestado Enrique para enterrar a su padre. Al saborear el último sorbo de refresco pensó en que necesitaría varios socios capitalistas para modernizar la cervecería y montar una pasteurizadora en Las Mercedes. Miró el reloj de la cocina y se incorporó para sintonizar el noticiero del mediodía. Dio la vuelta al dial y al no escuchar nada de interés maldijo el receptor y estiró el brazo para alcanzar el auricular. Marcó un número.

—Con el doctor Robau, si tiene la amabilidad —dijo con voz fingida.

—¿De parte? —preguntó la recepcionista.

—Dígale que es Ignacio Valls.

—Un momento por favor.

—¡Iñaki Valls y Zubitegüi, el campeón de la regata del 47! —se escuchó la entusiasmada voz del doctor Robau.

—El mismo. Te llamo, Gastón, para darte una no muy grata noticia. Enrique ha empeorado. No creo que rebase el mes. Quisiera contar contigo para que formes parte de la guardia de honor.

—Será un honor que disgusta —replicó el médico.

—Soy breve pues debo contactar a otras amistades de Enrique. Salúdame a María Rosa.

—Le daré tus recuerdos.

—Hasta luego, galeno.

Ignacio Valls aguardaba a diario la llamada que lo haría propietario del pasado, incorporándose como un resorte con cada timbrazo del teléfono. Su esperanza era que la muerte fuera su fortuna. En las últimas semanas su vida giraba alrededor del teléfono. Todos los huevos habían roto el cascarón y en la casa el constante piar de los polluelos ahogaba el ansiado timbre, poniéndole de peor humor.

—Jesse está loco por verte —dijo Clotilde al terminar de darles de comer a las aves—. Se muere por oírte contarle los cuentos de cuando fuiste el campeón del 47. Está últimamente muy formal. Quizás esto le sirva de escarmiento y asiente cabeza. La semana que viene cuando venda las guineitas le podremos pagar la fianza —afirmó Clotilde esperanzada.

—¡Eres necia! ¡Sacarlo para que cometa más delitos! Conmigo no cuentes —había determinación en su voz.

—Es tu nieto.

Ignacio encendió el radio.

Los días transcurrieron, las guineas se vendieron a la botánica de la calle Doce y Pelayo había confeccionado la guayabera. La impaciencia consumía a Ignacio y el desasosiego había transformado su sonrosada cara de manzana en afilado pimiento. Una tarde de agosto, mientras luchaba con el radio para sintonizar el noticiero vespertino su mujer le gritó que cogiera el teléfono de la cocina.

—Es de casa de Enrique. ¡Coge el teléfono!

Se precipitó al teléfono tumbando la mesa que

impedía el paso, y atropellando a una guineita deforme que no se vendió, con una ecuanimidad fingida respondió: —Dígame.

—Es Purita —se escuchó al otro lado de la transmisión.

—Cuánto lo lamento, Purita. Créame que lo quería como a un hermano y lamento el dolor con el que este harponazo de la vida la hiere —Ignacio sonaba apenado.

—No, no Ignacio. Buenas noticias. Ha sido un milagro. Un milagro que nos ha hecho la Caridad. Enrique se ha recuperado. Te lo voy a poner al teléfono.

—¿Ignacio? —la voz del enfermo era aún débil.

—Sí, dime —respondió Ignacio desconcertado.

—No me voy. Me quedo. El médico no lo puede explicar.

—Cuánto me alegro —la voz le temblaba de decepción.

—Tendrás que olvidarte de lo que te dejé —le respondió Enrique en son de mofa—. No puedo hablar mucho. Debo guardar reposo absoluto por dos semanas más.

La conversación había sido breve. Ignacio colgó el teléfono y lloró de amargura. Sólo atinó a ponerse la guayabera que había mandado hacerse para la ocasión. Se dirigió a la puerta.

—Cuánto lo siento —murmuró Clotilde al verlo tan triste y angustiado—. Tan buen amigo tuyo. ¡Que Dios lo acoja en su santo seno! —dijo Clotilde con sinceridad.

Ignacio no respondió y al girar la perilla de la puerta una idea le iluminó el semblante.

—Dale mi pésame a Purita y dile que en breve estaré con ella.

Ignacio montó en el autobús balbuceando entre dientes, lamentándose de su mala suerte, recalcando que esto no se le hacía a nadie, que las propiedades eran suyas, que le había traspasado las escrituras, y así embebido en sus pesares el autobús se detuvo frente al correccional. Ignacio se bajó con torpeza.

Cruzó la calle. Entró en el recinto donde se identificó como el abuelo de Jesse Valls. El guardia que dormitaba, lo miró de mala gana y verificó su nombre en la lista de visitantes autorizados. Le señaló con el índice dónde tenía que firmar y lo dejó pasar.

—Grandpa! —gritó Jesse al ver la figura huesuda de Ignacio.

—No había podido venir a verte pues estaba ocupadísimo. Pero aquí me tienes. —lo besó en la mejilla.

—*Grandpa*, necesito que me saques de aquí. Te prometo no meterme en más líos. Te lo juro por abuelita —dijo Jesse con urgencia.

—A eso mismo he venido. Te pagaré la fianza —afirmó Ignacio.

—¿Fianza? ¿Eso es el *bail?*

—Sí, exactamente.

—¡Eres el mejor *grandpa* del mundo!

—Pero bajo una condición.

—¡Lo que sea, *Grandpa!*

—Te queda bien el diente de oro —Ignacio trató de congraciarse con el nieto.

—¿Te gusta? Me da mucha *class*, ¿verdad?

—Sí, mucha —Ignacio trató de sonreír.

—Mira este *tattoo* que tengo en la pierna. Es un *tiger shark*, un tiburón tigre. Mira abre la boca cuando doblo la pierna —le mostró Jesse con orgullo.

—Quiero que me ayudes en algo, Jesse —dijo Ignacio a la vez que posaba la palma de la mano sobre el hombro de su nieto.

—Lo que sea, *Grandpa.*

—¿Recuerdas a mi amigo Enrique?

—No mucho. ¿Es el que remó contigo en la regata?

—Ése mismo —Ignacio sonrió.

—Enrique, está muy enfermo. Nosotros hicimos un pacto hace muchos años.

—¿Qué es un pacto?

—Un pacto es una promesa. Juramos que si uno de

nosotros estaba muy muy enfermo que el otro no le dejaría sufrir.

Jesse abrió sus lánguidos ojos verdes.

—Sería un acto de misericordia. Así lo quiere él. No hay pecado, ¿entiendes? ¿Lo harías?

—No entiendo mucho pero, ¿qué quieres que haga?

Ignacio sacó una foto de la billetera y se la mostró: —Éste es mi amigo.

—¡*Wow*, *Grandpa*, no me acordaba que fuera tan feo! ¿Dónde vive?

—No muy lejos de la Calle Trece. Es fácil entrar a su casa. Su esposa siempre tiene las puertas abiertas. Tiene miedo que la humedad pudra los muebles.

—Dime, *Grandpa*, ¿qué quieres? Para mi *Grandpa* lo que sea.

Lo primero que Jesse Valls hizo fue rondar el vecindario para asesorarse del movimiento dentro del mismo. Se posicionó en el STOP de la intersección de la Diecisiete y la Diecisiete y con su rollo de toallas de papel y el spray limpia vidrios, forzaba sus servicios de limpiador de parabrisas a los desconcertados automovilistas.

Tres días después, cuando ya conocía el movimiento del barrio, se hizo pasar por el que comprobaba el metro del agua. Se agachaba, abría la tapa metálica del metro y apuntaba los números de galones consumidos en una libreta. Igual operación ejecutaba en todas las casas de la manzana hasta que llegó a la casa verde. En la mano izquierda Jesse llevaba una bolsa de papel.

Entonces, Jesse se fue acercando en espiral, divisando en el portal de la casa la figura de un hombre que estaba sentado de espaldas, mirando hacia la arboleda de mangos, meciéndose en un sillón. La cabeza descansaba en una almohadilla de fieltro. Jesse detuvo su avance. Observó a la mujer que le traía un vaso, que le llevaba a los labios. Retiró el vaso y lo llevó al interior de la casa. Apareció de nuevo con lo que Jesse supuso era un sándwich o un *hot dog*. Sintió hambre. La ansiedad siempre le causaba hambre. La mujer desapareció.

La figura parecía incorporarse como si quisiera entrar en la casa.

—Se me va a escapar —murmuró Jesse.

El hombre sólo había cambiado de posición. Jesse se dio cuenta de que no tenía tiempo que perder.

Se deslizó por el jardín siguiendo un sendero de ladrillos hasta llegar a los peldaños que conducían al portal. El estómago le gruñía de hambre mientras recordaba las instrucciones de su abuelo. El portal está pintado de amarillo y huele a desinfectante con olor a pino. Está rodeado de una varanda verde. Hay una arboleda de mangos hacia el lado izquierdo del traspatio. Estará mirando en esa dirección, sentado en el sillón, disfrutando de la brisa perfumada.

Tres zumbidos surcaron el aire. El hombre se hechó hacia atrás y enseguida el torso descansó sobre su regazo. Antes de huir, Jesse se llevó el sandwich de beicon y huevo que reposaba sobre la veranda. Aún conservaba el recuerdo de la última mordida que le diera su dueño.

Jesse se alejó corriendo y saboreando los trozos de beicon que se habían incrustado en el espacio entre sus muelas. Jesse no había contado con la testigo de Jehová que había llegado temprano a disputarle el territorio a los dos tiernos y sonrosados mormones. La misionera vestida de azucena lo había visto correr como un desaforado. Entonces utilizó su móvil para llamar al 911.

Cuando Jesse alcanzó el STOP la luz intermitente azul ya lo había rodeado. Jesse retrocedió en dirección contraria sólo para caer en el cerco que le habían tendido. Al caer rendido al suelo, sintió los afilados colmillos del perro policía en una mano y la mordida de las esposas en la otra.

—¡Quería morirse! —Jesse gritó—. Ya estaba liquidado —agregó mientras forcejaba con los policías—. ¡Si no me creen pregúntenselo a mi abuelo! —gritó una vez más y escupió a uno de los agentes.

El culatazo que recibió en el costillar izquierdo había precedido la lectura de sus derechos. Tenía ganas de seguir vociferando pero el dolor lo paralizó. Lo arrastraron hasta la patrullera y velozmente se dirigieron en dirección al río. Cuando la patrullera se detuvo, Jesse se aferró a la puerta.

—Sácalo por el otro lado —gritó el Capitán Carter.

Jesse pateó al policía que se le acercó.

—¡Pégale con la cachiporra! ¡Agáchate y hálalo por las patas y súbelo al quinto piso! —ordenó el exasperado capitán.

Jesse, que había escuchado la orden, se llenó de valor para defenderse una vez más.

—¡No he hecho nada! —balbuceó Jesse—. ¡Soy menor de edad!

—¡Dice que es menor de edad, capitán! No podemos llevarlo al quinto —informó el teniente.

—¡Te dije que p'afuera y al quinto piso! ¡Todos éstos son unos delincuentes!

—Parece que va a vomitar —dijo el teniente.

Cuando Jesse escuchó el ruido de la cancela y sintió el frío del piso de cemento en sus mejillas, comenzó a vomitar y a llorar de rabia. Sudaba profusamente a pesar de que estaba frente a la ventanilla del aire acondicionado. Jesse logró levantarse y dejarse caer en la cama de hierro. Sabía perfectamente qué le ocurriría si lo dejaban allí y no lo transferían al pabellón juvenil. Se tendió en la cama y a medida que escuchaba el ritmo de los ronquidos de su compañero de celda sus pensamientos se enmarañaban. Sin darse cuenta, sus manos desataron los gruesos cordones de sus Nikes y observó la danzante cobra que se acercaba más y más al poste de hierro de la cama enroscándose, deslizándose hasta formar un nudo corredizo. La serpiente lo sedujo y cuando Jesse sintió el cordón contra su garganta ya había dejado rodar su cuerpo hacia el piso. En sus últimos suspiros Jesse trató de recordar a su abuelo, pero su imagen ya se había apagado.

Clotilde acababa de aliñar el pernil de cerdo antes de meterlo en el horno cuando recordó que necesitaba los ingredientes para la confección del postre. Preparaba una cena especial.

—¡Iñaki, Ignacio Valls! ¿Dónde se mete este hombre cuando lo necesito? —recorrió la casa y lo encontró sentado en el traspatio, junto a la vieja incubadora, escuchando el radio—. Apaga ese radio. Necesito que me hagas un favor. Ve a la tienda y cómprame una lata de leche condensada La Lechera, que sea La Lechera que si no no queda en su punto, azúcar turbinada, una docena de huevos y extracto de vainilla. Jesse se va a chupar los dedos con este flan.

—¿Por qué le estás haciendo otro flan? ¿Acaso no le llevaste uno a la cárcel la semana pasada? —Ignacio sonaba indispuesto.

—Llamó por teléfono ayer y me dijo que le habías dicho que podía venir a vivir con nosotros, pero que tenía que resolver un asunto y que vendría más tarde. Quiero que se sienta a gusto aquí.

—No le dije nada de venir a vivir aquí —dijo Ignacio con certeza y agregó—: No tengo un centavo para comprar.

—Mira en mi bolso y en el compartimiento del medio hay un billete de veinte.

Ignacio regó los helechos antes de encaminarse a la tienda. Había pensado quitarse la guayabera antes de regar las plantas pero al comprobar que ya estaba sucia había desistido.

—¡Date prisa! —Clotilde le gritó por la ventana—. ¡Está al llegar!

Ignacio enrolló la manguera, se enjuagó las manos, cerró el grifo y cruzó el jardín hacia la Calle Diecisiete. Se detuvo en la esquina y oprimió el botón para la señal de peatones. Cuando se disponía a cruzar la intersección escuchó la sirena de una patrullera que se dirigía a gran velocidad en dirección opuesta. Ignacio fijó la vista en el brillante hombrecillo verde de la señal.

¡Ay Tita!

—¡Oye, ábreme, es Barbarita!

—¿Qué está pasando?

—Perdone, Ramiro. ¿Tita se encuentra?

—Pase, pase que sale en seguida. Está en el baño. No tenga pena. Siéntese que se ve agitada.

—Pero mujer, ¿qué te ocurre que oía la gritería desde el traspatio?

—Ay, Tita, he pasado el susto más grande de toda mi vida, ni siquiera cuando a Many le explotó la cocinita de kerosén en los cayos pasé más susto.

—Te voy a hacer una taza de tilo para que te calmes un poco. Estás muy pálida.

—No te molestes.

—Tú estate tranquila aquí sentada que yo vengo en menos de tres minutos. ¡El micronda nuevo que me compré es una maravilla! Ponte a hojear una revista mientras regreso que eso calma mucho los nervios.

—...

—Mira aquí tienes la taza. No te le eché azúcar porque dicen que el azúcar le quita el efecto al cocimiento.

—Me lo tomo pero pa' mí l'azúcar es la vida. ¡Está amargo!

—¡Tómalo que te relajará!

—Ay, Tita, estaba yo repasando el comienzo de la constitución, ¿te dije que me voy a hacer *American citizen*? y en ese momento cuando estaba diciendo en voz alta «*We the people...*»

—Güi di pipol, ¿qué es eso?

—¡Por eso te vuelvo a decir que tienes que volverte normal igual que yo! Tita así empieza la constitución, en inglés se dice constituchon. Oye, Tita, es que no me dejas acabarte el cuento y me va a dar más estrés.

—Sigue, sigue, que no te interrumpo más.

—Y estaba repasando el preámbulo a la constituchion y...

—¿Qué es preámbulo?

—Tita, tú me prometiste que no más interrupchions, así se dice interrupción en inglés.

—'Ta' bien, te prometo que no te interrumpo más.

—Y de pronto veo algo sobre la nevera y como soy miope pues na' ma' veía un bulto y me figuré que era un melón que Many había comprado del frutero que pasa por aquí a las tres, el marido de la lavandera, y seguí practicando el *We the People*, pero me entró sed y cuando voy a abrir la puerta de la nevera para sacar el litro de Diet Coke pasé el susto de la vida. Había un hombre transparente sentado arriba de la nevera con un pavo bajo el brazo. Me asusté mucho, me sentí como cucaracha en fiesta de gallinas, y con el susto le dije en inglés, «¿Gua du yu guan?» El hombre me respondió: «Soy San Guiven». Entonces yo le dije: «¿San Guiven, el de la novela?» Y él me respondió: «Casi, casi» Ya más relax le dije: «Pero escóndete mira que te andan buscando». Y él me respondió: «Tranquilícese que eso es sólo en la novela. Yo soy San Guiven de verdad. Vengo pa' que me empieces una colecta y me hagas un santuario». Entonces sí que me turbé, tú sabes bien Tita que no es todos los días que a uno se le aparece un santo. Y ya algo más tranquila le dije: «¿Tú sabes cómo termina la novela?» Él me dijo con la cabeza que sí, y siguió hablándome: «Ve al pantry y saca una lata de arándanos». «¿Arándanos?» le pregunté yo y él tan atento me contestó: «Así se les dice a los *cranberries* en *Spanish*». Imagínate la pena que pasé con el santo, yo casi una maestra y no sabía decir *cranberries* en español. Y continuó: «Sácale los arándanos y limpia bien la lata. Ésta será la primera lata para la colecta. Quiero que esta lata esté en el punto más alto del santuario una vez se construya». Y en seguida dijo: «Mi fiesta debe ser celebrada siempre el último jueves de noviembre, *the last Thursday in November*».

—¿Di las serdei in nobember?

¡Ay Tita! ¿Cuándo vas a aprender inglés? Eso es el último jueves de noviembre. Él lo repitió en inglés pa' asegurarse que su fiesta fuera bilingüe. Y como vi que tenía intenciones de irse le pregunté por qué me había escogido a mí entre tanta gente en esta ciudad. Y él me dijo: «Hubo un sorteo y salió su dirección, yu got di loqui number joni». Y entonces me miró fijamente a los ojos y con voz baja me dijo: «¿Quieres saber una cosa? Yo nunca desenredé una cometa de los cables de la electricidad. Fue un flamenco desorientado que se le había enredado una pata». Entonces como mismito vino se desapareció, tú sabes, Tita se esfumó, pero dejó el pavo que tenía bajo el brazo. Yo le grité: «No se vaya sin decirme cómo termina la novela». Pero qué va, parece que no se me escogió pa' ese honor. Eso sí hubiera sido algo que hubiera recordado toda mi vida. Pero bueno, hay que conformarse. Y ahora imagínate yo no sé dónde voy a meter el pavo en este apartamento tan chiquito, pero no lo puedo regalar pues es sagrado. Es más quizás San Guiven se haya convertido en pavo. Tú sabes que pa' un santo no hay na' imposible. Y ¿sabes lo que voy a hacer? Voy a preparar el sofá cama en caso de que el santo se quiera acostar. Esto te lo digo a ti porque sé que no vas a ir a nadie con el chisme y pa' que me ayudes a hacer más latas pa' la colecta. Yo sé que el santo dijo una lata, pero con una lata no se puede. Toma más tiempo y con lo de la ciudadanía y el trabajo de tícher assistan no tengo el tiempo ni pa' arrascarme el ombligo. Eso sí, el santuario será frente al mar.

—¿Y él te dijo eso?

—No, mi amiguita, él no me lo dijo, pero como se me apareció a mí, y fui yo la que pasé el susto tengo el derecho de escoger el lugar. Bueno, Tita, me voy que tengo que llegar a la casa antes de Many pues no sé qué pensará si ve al pavo durmiendo en el sofá. Gracias por el tilo. Ya voy más calmadita.

San Guiven

Último episodio

...Y ahora respetable y ansioso público el evento que tanto esperaban. El magno acontecimiento que ha enmudecido a esta burbujeante ciudad, el último capítulo de San Guiven en *surround sound* patrocinado hoy por Virgil's Aviary, el mayor surtidor de aves exóticas de todo el país y los Almacenes J. Pérez, importadores de víveres, donde el tocino es arte. Y ahora sin más interrupciones el desenlace de esta gran novela original de Jorge Febles, adaptada por Humberto López-Cruz, y con la actuación estelar de la primerísima actriz Dora Sómel y el galán de la televisión internacional, Guillermo Díver.

—¡Prométeme que no huirás más de las autoridades!

—No puedo prometértelo, Virginia. Si me agarran mi vida corre peligro.

—¡No es verdad! ¡Sólo te quieren hacer santo!

—Pero yo no quiero ser santo. ¿Comprendes? Todo lo que dicen es mentira. Iba vestido de pavo para la fiesta de Halloween en casa de Mima y me había pegado con cola más plumas en los brazos para darle más autenticidad. Las plumas y todo lo demás era parte del disfraz. ¿Me entiendes? Si me agarran me matarán. Y hasta me acusarán de haber repartido los pavos a los pobres.

—Pero eso no es un delito.

—Mister Bóterbol y el Cardenal Firmat no lo creen así.

—¡No te harán daño, me lo prometieron!

—¿Cómo que te lo prometieron?

—Me han seguido hasta aquí. Nos están esperando a la salida de la gruta. Me lo juraron. No te harán nada. Sólo te quieren hacer santo. Te han preparado un altar. Tienes hasta una silla. No tendrás que estar de pie todo el día. Además te dan una hora para el *lunch*. Piénsalo bien, una hora para el *lunch*. Serás un privilegiado.

—¡No puedo creer que tú misma me hayas traicionado!

—No te he traicionado. Te he salvado. ¡No serás un fugitivo toda la vida! Compréndelo, no te he traicionado, te he salvado.

—¡Virginia, compréndelo tú! Me torturarán. Me forzarán a venderles los pavos a los desposeídos. Me harán santo a la fuerza. Falsificarán mi firma, utilizarán mi imagen para vender bípedos. Antes de que esto

ocurra acabaré con mi vida. Tú me ayudarás, Virginia.
Hay un abismo al final de esta cueva. Sal y distráelos.
Diles que estoy recogiendo algunas cosas. Yo me tiraré
al abismo. ¡No hay tiempo que perder!

—Pero es que no te van a hacer...

—Calla. Oigo pasos. ¡Ayúdame! El tiempo apremia.

**Interrumpimos esta transmisión para ofrecer-
les una noticia transcendental. Después de once
años de ausencia regresará a nuestra comunidad
procedente de Calcuta, Mirta María Vergara. Las
gestiones realizadas por Titina han sido instru-
mentales para convencer a la misionera que
regresara al seno de esta sociedad. Aprovechamos
también esta oportunidad para solicitar la ayuda
de esta comunidad para encontrar el paradero de
la señora Nelia López Suárez. La señora López
Suárez fue vista por última vez en el Dadeland
Mall. Si usted tiene alguna información respecto
a esta desaparición le rogamos comunicarse con
esta estación. Su primo, Samy Suárez ha ofrecido
una recompensa.**

Tres tres lindas cubanas

por de Posada

Se vistió de gala el Salón Sofía con la sublime presencia de la encantadora, culta y risueña damita Caridad Rodríguez López, quien fue agasajada por lo más selecto de la sociedad de esta *Magic City* con motivo de sus anheladas quince primaveras. Connie es fruto del amor que se profesan Mima López de Rodríguez y su amante cónyuge Joaquín Rodríguez. La dulce *jeune fille*, vestida de Cleopatra, hizo su entrada triunfal montada en un camello teñido de rojo, y especialmente traído para ella del Miami Zoo, bajo una lluvia de confeti y de burbujas multicolores. Llevaba las riendas del gibado artiodáctilo rumiante su augusto padre Joaquín Rodríguez, quien ataviado a la usanza del antiguo Egipto, condujo a su capullo hasta los oasis de la árida sala de fiestas. El Marco Antonio de la noche fue el correcto e intachable joven Edgar Fernández. Fue abierto el evento social danzando con su padre al compás de los Bosques de Viena. A mitad de pieza Edgar tocó en el hombro al progenitor cediendo éste su puesto al joven con una reverencia y provocando una merecida ovación por parte de los invitados. En ese momento las restantes catorce parejas hicieron su entrada en la pista portando vestuarios de antiguas faraonas, ellas, y de mamelucos, ellos, creaciones exclusivas de la sin par Gloria da Hialeah, al mismo tiempo que se provocaba una leve tormenta de arena que acentuó el motivo de la noche de gala. Se encontraban compartiendo esta noche de felicidad junto a la radiante joven: Ignacio Valls, Clotilde de Valls, Enrique Díaz Arango, Purita Peláez de Díaz, Fe Díaz, Dr. Gastón Robau, María Rosa García de Robau, Jorge Febles, Patty de Febles, Dora Sómel, Humberto López-Cruz, María de López-Cruz, Ramiro Guadalete, Tita Barrancabermeja, Dolores Martorell Vda. de Barrancabermeja, Samuel Suárez, Carlos Patiño y María de Patiño.

El Hotel Mi Bohío se vistió de luces con la aparición de la culta y escultural señorita Jimena González Romero, hija amantísima de nuestra querida amiga y consagrado pilar de esta comunidad Barbarita Romero de González y su destacado esposo Manolo González. Plena de gracia juvenil, a Jimena llegaron los quince como llega el agua a las flores de mayo, refrescante. La "belle" Jimena, vestida de reina Isabel de Castilla, hizo su apoteósica entrada del brazo de su correcto padre, quien portaba una auténtica armadura del siglo XV.

Jimena, en plena soberanía, comenzó su reinado danzando el tradicional vals con su prometido el estudioso
joven Siboney Menéndez de Avilés, cuya vestimenta
recordaba al Gran Almirante. Al escucharse las doce
campanadas de la media noche, aparecieron catorce
jóvenes parejas, luciendo prendas de vestir precolombi-
nas, que junto a la pareja estelar, realizaron una impresionante versión del descubrimiento de América del sin
par coreógrafo, Alberto Urgel. Se adhirieron al júbilo de
la festejada y sus amantes progenitores: Ignacio Valls,
Clotilde de Valls, Enrique Díaz Arango, Purita Peláez de
Díaz, Belén Díaz, Dr. Gastón Robau, María Rosa de
Robau, Ramiro Guadalete, Tita Barrancabermeja,
Eduardo Lorenzo, Mercy Castillo de Lorenzo, el nove-
lista Jorge Febles, Patty de Febles, el galán de la televisión Guillermo Díver, Ana Torres de Díver, Pepe
Gabilondo, Migdalia de Gabilondo, Jorge Morín,
Marcia de Morín, Pelayo Boal y Covadonga de Boal.

Los vetustos y ornados salones del Hotel El Doral
presenciaron uno de los grandes eventos sociales de la
década con la quinceañera fiesta de Titina Guadalete
Barrancabermeja. La homenajeada comenzó el magno
aniversario de su venturosa existencia, abriendo puertas
y cerrando heridas. Rompiendo todas las tradiciones, su
aparición ocurrió dentro del seno de un molusco. El

marisco fue conducido al centro del salón por su novio, Mike Pardo, vestido de soberano del mar. Las aves musicales de Virgil's Aviary, en un crescendo de sonidos de percusión, proporcionaron los acordes que abrieron la celda de silicón, emergiendo de su recinto anacarado la bella sirena, Titina, al compás de miles de burbujas que se desprendían de su lecho siliconado como hojas otoñales. En el momento preciso de romper su crisálida, le tendió su inigualable brazo el benevolente jurisconsulto Ramiro Guadalete, roca inquebrantable del derecho internacional. Su siempre gentil esposa Tita Barrancabermeja, en compañía de la abuela de la festejada, Doña Lola, recibió el elogio de los asistentes por su habitual cordialidad. A mitad del rítmico «Vals Sobre las Olas» se vislumbraron las catorce parejas, que vestidas de langostinos, almejas, cangrejos, erizos, mejillones, caballitos de mar, camarones, calamares, madreperlas, estrellas de mar, ostras, caracoles, centollos y anguilas, rodearon al rey Neptuno y su adorada sirena. Una vez más, Alberto Urgel, nuestro Sandro Botticelli, nos deslumbró con su *puissance créative*. Participaron en este reino submarino junto a la bella festejada y sus orgullosos padres: Ignacio Valls, Clotilde de Valls, Enrique Díaz Arango, Purita Peláez de Díaz, María Teresa Díaz, la primerísima actriz, Dora Sómel, Mirta María Vergara, Humberto

López-Cruz, Jorge Gallo, Lili de Gallo, Hugo Valdés, Albita de Valdés, Manolo González, Barbarita Romero de González, Joaquín Rodríguez y Mima López de Rodríguez.

La cigüeña desorientada

—Buenas tardes, Tita.

—Muy buenas, Manolo. Aquí me tiene cocinando porque mi madre no me ayuda en nada. Desde que descubrió el bingo, es en todo lo que piensa.

—Pasé a ver si estaba Barbarita por aquí. Y de paso quiero decirle que en mi opinión la ganadora del concurso debió ser su hija, Titina. Nunca he visto bandera más auténtica que ella. Alguien habrá sobornado al jurado.

—Sí, estuve muy desconsolada con todo lo que ocurrió porque yo creía también que ésa era hija mía, pero no lo es. Déjeme explicarle. Cuando la cigüeña que traía a mi hija, no a Titina sino a mi verdadera hija, venía hacia mi casa allá en Aguada de Pasajeros, tuvo que cruzar el mar. Como usted bien sabrá las cigüeñas vienen de París. Pues venía volando y se presentó una borrasca por la costa de Cataluña. Tomó esa ruta porque mi madre es catalana.

—No sabía que Doña Lola fuera española.

—Sí que lo es, y por eso no le quieren dar la ayuda del centro de refugiados.

—Mamá es canaria. Ella nos enseñó a comer gofio.

—Ay, a mí me encanta el gofio con miel. ¿Y de qué parte de las Canarias?

—De Santa Cruz.

—Entonces no recibirá el cheque del refugio tampoco.

—Sí, lo recibe. Hablamos con Rigo y la hizo ciudadana cubana aquí en Miami en menos de quince minutos. En cuanto llegue a la casa voy a buscar el teléfono de Rigo para dárselo. No sé si recordará que él fue quien graduó a Barbarita de la Escuela Normal.

—Me ha dado una buena noticia porque con lo que come mamá nos iba a arruinar.

Manolo no supo qué responder y Tita continuó: —Mi cigüeña se desvió por el mal tiempo. Se aturdió pero con tan buena suerte que se encontró con otra cigüeña más fuerte que ella que se dirigía a Tejas. La cigüeña tejana se apiadó de la mía y le dijo: «Óigame, usted está algo cansada y vieja. Sería mejor que yo hiciera la entrega que usted lleva a su destino. Usted regrese a París que yo me encargo de lo demás». Eso sí es ser una verdadera amiga. No las amistades de este país que cuando llega la hora de la verdad, si te vi no me acuerdo y si me acuerdo no te vi. Mi cigüeña muy agradecida le entregó mi encargo y regresó a París a reponerse. Pero cuando la cigüeña tejana llegó a mi casa se equivocó. Dejó en mi casa el encargo de Tejas y el mío terminó en Galveston. ¿Usted comprende ahora que he estado llorando todos estos días en vano? Titina no es hija mía. Mi hija vive en Galveston. Voy a mandar a poner un anuncio en el periódico de esa ciudad para ver si doy con ella.

—Mire, yo la comprendo perfectamente. Algo parecido le pasó a Barbarita. Pero nosotros tuvimos más suerte que usted. La cigüeña nuestra, digo la de mi mujer porque a los hombres no nos visitan las cigüeñas, se desorientó tanto al volar por el triángulo de Bermuda que en vez de tomar rumbo a Matanzas se estaba desviando hacia Sagua la Grande. En seguida que a Barbarita se le pararon las contracciones yo me dije: «Aquí algo anda mal». Saqué mi compás, la brújula y la carta náutica, hice mis cálculos y salí para el monte. Corté leña, hice unas pilas desde mi casa hasta la costa y les prendí fuego. Y usted puede creer que la cigüeña aterrizó divinamente y nos trajo a nuestra Jimena sin equivocación o demora. Eso sí, yo la hice pasar una semana con nosotros para que se repusiera. Fíjese que ese animalito quedó tan agradecido que todos los años me manda una postal de donde quiera que esté. En todo caso me alegro mucho de que Titina no sea su hija, así se evita sufrimientos. Recuerde que un padre es para mil hijos, pero mil hijos no son para un padre. ¿Ya le ha dicho a Barbarita lo de su hija?

—No, usted es el único que lo sabe.

—Bueno, lo que le dije de la postal de la cigüeña, resérveselo.

La viejecita del cabello azulado

Dolores Martorell abrió la ducha y el grifo del lavabo para recordar sus días de juventud cuando leía sonetos italianos de amor al sonido enternecedor de la fuente de su Isabela natal. Se sentó en la taza, se inclinó hacia delante y buscó torpemente en su revistero de mimbre *El Décimo Infierno*, la novela que intentaba leer. El libro se encontraba sobre la cesta de la ropa sucia, directamente a su derecha, pero aún así no lograba verlo. Al protagonista de la novela le hubiera encantado gritar, «¡Aquí estoy, Lola!», pero claro, no podía hablar.

La anciana siguió trasteando en el cesto de lectura y sin buscarla encontró su lupa en el fondo.

«¿Y dónde estará ese libro?» se dijo mientras colocaba la lupa delante de sus gruesos lentes. Miró hacia la bombilla y la luz le pareció tenue.

«Con razón casi ni veo», dijo alzando la voz... «Ya no hacen bombillas como antes». Se levantó de la taza y se dirigió lentamente hacia el dormitorio. Abrió el cajón donde guardaba la cinta adhesiva, el pegamento, los sobres y las bombillas. Sacó una, y con la ayuda de la lupa confirmó el número de vatios.

«Ciento cincuenta», se dijo, haciendo una pausa entre las dos palabras, y añadió: «Puede ser que con esto resuelva».

Dolores miró el reloj. Eran las 7:45 de la mañana y era domingo. Sabía que la insoportable mujer vestida de blanco tocaría a su puerta a las 8:10. La tenía fichada. Hacía ya diez años que le venía cerrando la puerta en la cara exactamente a las 8:13. Le quedaba suficiente tiempo para cambiar la bombilla. La sacó de su envoltura y haló la escalera que usaba para alcanzar lo que su estatura de gallinita no le permitía. Arrastró la escalera hasta la sala de baño y la centró bajo la lámpara.

Con mucha cautela subió los siete escalones. Casi con destreza había quitado la rosca que sujetaba la pantalla de vidrio cuando tocaron a la puerta. La testigo de Jehová había venido más temprano. Dolores se agitó pensando que había dejado la puerta abierta. La misionera entrometida podría violar el hogar que hacía años Dolores defendía. Se apresuró al bajar y perdió el equilibrio. Cayó sobre el piso de terrazo y la pantalla de vidrio se rompió en cinco pedazos asimétricos. La anciana quedó inconsciente cerca del umbral de la puerta del baño, su melena azulada alfombraba el piso. La luz brillaba intensamente.

La misionera oyó el estruendo desde afuera, y aunque temía que la vieja abriera la ventana y la empapara de agua en señal de castigo, se atrevió a mirar a través del vidrio. Miró hacia el fondo de la sala, y cerca de una puerta abierta, vio a la escéptica tendida inmóvil sobre el piso. La testigo temía que todo fuese una trampa. No sería la primera vez que la diminuta vieja se había burlado de ella. Decidió no arriesgarse.

Transcurrieron diez minutos y al ver que la señora seguía sin moverse, la misionera sintió una cierta satisfacción. Se acordó de las muchas veces que la vieja había intentado fracturarle la nariz con la puerta. La misionera se proponía ignorar los hechos que acababa de presenciar para continuar con sus sermones en otra puerta, pero el remordimiento fue más poderoso que la venganza. Abrió el bolso y sacando su teléfono móvil llamó a los bomberos.

La ambulancia y los bomberos llegaron simultáneamente como si hubieran orquestrado su llegada para ver qué sirena chillaba más. Al derrumbar la puerta los asistentes se apresuraron a tomarle los signos vitales.

—Oiga, enfermera, tómele la tensión —le dijo uno de los asistentes a la testigo mientras le daba el tensiómetro.

—No soy enfermera del cuerpo —le contestó la misionera devolviéndole el aparato.

La viejecita del cabello azulado entonces fue atada a una camilla.

—¡Oye, Hodel, amárrala bien! Hace tanto viento que se nos podría ir volando —gritó el bombero al técnico.

La sacaron de la casa y mientras pasaba por delante de la misionera, Dolores abrió sus ojos aún vidriosos. La testigo, sin perder un segundo, colocó un *Atalaya* entre las correas y el torso inmóvil de la anciana, y sonrió triunfante mientras acomodaba el resto de las revistas en su bolso.

Siboney uno

—Siboney llegó aquí solo y tendría unos once años. El padre llegó unos meses después, pero no se ocupó de él así que siguió viviendo con los tíos. La tía creo que era lavandera y el tío vendía limones en la Ocho y la Veintisiete. Al principio lo pusieron a vender periódicos y luego tuvo que repartir la ropa que la tía lavaba para otros. Era muy retraído, y siempre escuchaba el radio para oír si decía algo de la madre que se quedó allá. En aquella época se leía por radio la lista de las personas que habían llegado esa semana por los vuelos de Varadero. Tenía mucho afán con las cosas de allá y fue mandadero de Mirta. Mirta le dijo a mi esposa Barbarita que ese muchacho había sido muy ingrato con ella. Sé que pasaba todas las tardes en su casa porque le gustaban los cuentos que Mirta le hacía. Bueno, más que cuentos eran lecciones culturales. Aprendió mucho de su patria con ella, pero un buen día no regresó más. Yo creo que Mirta sufrió tal desilusión con ese muchacho que por eso se fue a las misiones en Calcuta. Mirta fue más que una madre para él. Siboney fue medio noviecito de Jimena, hasta bailó los quince con ella. A mí no me gustó que bailara con mi hija, pero no quería irle a la contraria para que no se encaprichara en ese muchacho. Gracias a Dios que se pelearon unos días después de su fiesta. Pasaron unos meses y Siboney tuvo una discusión con el tío. Parece que el tío se violentó con él porque no quería ayudarlo con el carrito de los limones y el muchacho le dijo que estaba cansado de que le cogieran el dinero que ganaba con los periódicos, y que cuando le había pedido dinero para comprarse un par de zapatos no le dieron nada. Creo que le pegó y Siboney se fue a vivir primero debajo de un puente, pero siguió asistiendo a la escuela. Un día que estaba en la escuela una pandillita de gringos le dio una entrada de palos que casi lo matan. Dos días después, el jefe de la pandilla, uno que le decían Nasty Rob Hodel, lo veló y lo empujó por la escalera. Todo porque era de allá y no de aquí. En una de las veces que Barbarita llevó a Mima al Jackson, se lo encontró allí en la sala de urgencias con la cabeza rota. Nadie lo quería atender porque no tenía un domicilio fijo. Pero se apiadó de él un interno paquistano que lo curó y Barbarita vio que le regaló un dólar. No sé ni por qué me dio por pensar en ese muchacho que hace como veinte años que no lo veo.

Ya sé por qué me acordé de él, era que estaban tocando en el radio Siboney, la canción que compuso Mirta antes de irse para la India y que le había dejado sellada en manos de Barbarita con la condición de que la abriera el día que ella desapareciera de esta tierra. Pues resultó que hubo un tifón por allá. Bueno, no sé si le dicen tifón o ciclón pero creo que un tifón es un huracán en esa parte del mundo. Un día después, leímos en los periódicos que a esa ciudad se la había llevado el mar. En seguida, Barbarita pensó que su amiga había perecido y abrió el sobre sellado. Leyó la canción, compuesta por Mirta, y la envió al festival de canciones en Viña del Mar para honrar la memoria de su amiga, y ganó el primer premio. La interpretó Glorita. Dice Barbarita que es una canción de una madre a un hijo. A mí no me parece así pero no me gusta discutir con ella que como ya es doctora sabe más que yo. Con el dinero que recibimos de ese premio pues pusimos la cerca alrededor del patio y nos ayudó a pagar la hipoteca de la casa. El problema es que luego los periódicos se retractaron y leí que había habido una equivocación y que la ciudad que se había llevado el mar no era ésa sino otra en otro país vecino un poco más arriba de Calcuta. Como no supimos más de Mirta pues dejamos todo como estaba y no dijimos nada. Hoy que estaba mirando la novela de San Guiven dijeron al final que Mirta regresaba así que en cuanto llegue Barbarita de una conferencia de pintura que está impartiendo en la

Universidad de Miami le daré la noticia para que se vaya preparando. Estoy seguro que en cuanto Mirta escuche la canción por radio sabrá que es suya. Espero no se ponga brava ni quiera el dinero del premio pues ya de eso hace muchos años. No sé si ustedes la saben pero empieza así: «Siboney yo te quiero yo me muero por tu amor...» y después dice: «al arrullo de las palmas pienso en ti». La vejez me ha dado por cantar y ver telenovelas —yo que montaba a caballo sin montura. Ojalá que ese muchacho se haya hecho un hombre de provecho aunque muchos de ésos que vinieron solos se quedaron traumatizados para toda la vida.

La gira

Barbarita se encontraba en posición para lanzar al aire una nueva trova de gozosos ronquidos cuando sintió la mano de su marido que le agitaba el hombro en una serie de pequeñas convulsiones. Barbarita entreabrió los ojos. Se escuchó un alarido y luego una voz aún temblorosa.

—¡Dios mío! ¡Creía que era la calabaza de Halloween!

—Si no te levantas se nos va a ir la guagua —dijo Manolo y luego añadió—: Pasan a recogernos a las cinco y media y son ya las cuatro y treinta y ocho.

—¡Qué susto me has dado! Te he dicho miles de veces que me despiertes con delicadeza, pero tú no aprendes. No me agarres por el hombro que me asusto, y no me pegues la cara a la nariz. Tenía una pesadilla horrible de Halloween y pensé que eras la calabaza gigante que me venía a matar. El mes pasado que me hiciste lo mismo creía que era el diablito africano.

—Me lo has repetido más de veinte veces. Ya sé que de niña te asustaban con el diablito para que comieras, pero déjate de sustos que se nos va a hacer tarde. Me voy a afeitar en el fregadero y tú ve al baño y haz lo que tengas que hacer, pero apúrate.

—¡No me des órdenes! —dijo Barbarita ya sentada al borde de la cama.

—Déjate de boberías y vete a asear.

—Me voy al baño por lo de la gira, si no no me movería de esta cama —dijo desafiante.

Manolo hizo una mueca y antes de llegar a la cocina pasó por la sala y descolgó el espejo. Ya en la cocina lo colocó sobre el alfeizar. Oprimió el botón de la cafetera automática y comenzó a rasurar su canosa barba. Mientras la cuchilla atacaba los cañones, Manolo repasó en su mente los puntos esenciales de las clases preparatorias que habían tomado para la excursión.

Barbarita terminaba de asearse y se había echado suficiente laca en el pelo para inmovilizar a un regimiento de soldados suicidas chinos. Tomó dos de las quince esclavas que descansaban sobre el borde del lavabo. Le hubiera gustado llevar las quince esclavas, pero le habían sugerido no llamar la atención al bajarse en la reserva anglo de South Miami. Luego de asegurarse que todos sus cabellos estaban en perfecto orden prosiguió a vestirse. Había seleccionado un cómodo *pantsuit* con diminutas águilas. Manolo, por su parte, portaba una guayabera azul de hilo con botones de nácar, creación de Pelayo Fashions, en cuya superficie resplandecía un estrella solitaria.

El matrimonio desayunó galletitas María mojadas en chocolate caliente.

—¿Has tenido noticias de Mirta? —preguntó Manolo.

Pero antes de que Barbarita le pudiera responder se escuchó el claxon del autobús y el grito del chofer que la conducía: —¡Monten que se quedan!

—Espérese un minuto —replicó Barbarita—. Tengo que recoger la cesta.

—¡Apúrese! Mire que todavía tenemos que ir hasta Hialeah a recoger a una tal Mima —gritó el chofer mientras mascaba un habano de contrabando.

—¡Hasta allá tan lejos! —protestó Manolo al entrar en la guagua.

—Mire, viejo, si no le conviene quédese —contestó el chofer que lo había escuchado.

Manolo le iba a responder pero sintió el pellizco de Barbarita. Cuando ya se habían sentado lejos del oído del chofer, Barbarita le susurró: —Manolo, Manolo no aprendes. No te pongas a su nivel. No ves que lo que quiere es buscar pleito, que es un mal educado. Entretente mejor mirando en la cesta para ver si no se nos olvidó nada.

Manolo siguió el consejo de su mujer y abrió la cesta. Comprobó contra la lista que llevaba en la billetera. En voz baja se habló a sí mismo: «Diez sándwiches de mantequilla de maní con jalea de fresas, tres pasteles de manzana, cuatro paquetes de chicles, galletitas Graham, *marshmallows,* un cubo de pollo frito de Kentucky extra crujiente, chips y salsa, Skittles y tres litros de Coca-Cola.»

Cada visitante o pareja de visitantes debía llevar un cesto con golosinas para la familia que se le asignaba visitar como gesto de buena voluntad.

—Si yo hubiera sabido que esa cualquiera venía en esta excursión, ni muerta hubiera venido —dijo Barbarita en voz alta.

—Deja eso, Barbarita, que se te va a subir la presión —dijo Manolo al oírla.

—Es que esa Mima me persigue como una desgracia.

—¡Ya! ¡Suéltalo! —recalcó Manolo—. Y ahora voy a echar una siestecita que el que tiene sueño soy yo.

Manolo recostó la cabeza en la columna entre las dos ventanillas. Cuando el autobús giró en Le Jeune en dirección a Hialeah, ya Manolo dormitaba con la boca abierta y no vio a su mujer que le sacaba la lengua a Mima cuando ésta subió unos veinte minutos más tarde. El vozarrón del chofer lo despertó, dándose un cabezazo con el vidrio de la ventanilla.

—Ya nos acercamos a la reserva. La puerta de acceso a la muralla está a tres cuadras de las ruinas de Sunset Place. Tengo que parquear la guagua aquí en las ruinas y ustedes tienen que seguir caminando hasta la puerta. Pa' que no se asusten, hay un manglar muy denso al otro lado de la muralla pero sigan el trillo que los lleva directo a donde están los guías esperándolos.

—¡Hay que seguir a pie! —gritó una mujer—. ¡Yo no traje zapatos bajitos!

—¿Y no hay peligro? —cuestionó un panzudo—. Me dijeron que te pueden atacar con dardos envenenados.

—¿Se puede tomar el agua? —musitó una famélica señora.

—¡Yaaaaaaaaa! —gritó el exasperado chofer—. Bájense todos ahora mismo que tengo que ir hasta Khrome a recoger haitianos y llevarlos al aeropuerto que hoy los repatrían, de allí recoger los niños de Santa Teresita. Hay que buscarse la vida como sea. —Al concluir la última frase, el chofer eructó.

Cuando el grupo descendió a tierra firme Barbarita procuró no toparse con Mima, y le asió la mano a Manolo en el umbral. La puerta de acceso, llena de lianas, le había causado mala impresión, y temió que pudiera haber monos merodeando en la penumbra del manglar que tendrían que atravesar. Barbarita tenía fobia patológica a los simios.

Las primeras luces del alba aún no habían penetrado en aquella húmeda oscuridad y los chirridos de grillos y cigarras se aunaban en un coro ensordecedor. Nada en aquel denso manglar proclamaba la presencia de seres humanos.

—Aquí parece que no hay nadie —dedujo Manolo.

—Mira allá a lo lejos. Esas siluetas parecen casas de bambú —afirmó Barbarita.

—Yo no veo nada.

Barbarita le giró con las manos la cabeza a Manolo en la dirección que ella había apuntado.

—Mira bien. Directamente abajo de aquellos cocoteros...

La sinfonía de insectos cesó y la cortina de oscuridad corrió su velo. La tenue luz de las estrellas cedió ante el sol y se escucharon cantos de seres humanos que se dirigían a la fuente, cargando sus garrafones para llenar.

Sometimes I feel like a motherless child
a long way from home and thirsty . . .

Vestidas en batiks, batidos por la suave brisa de la bahía, las cantoras continuaban su ardua tarea al compás de su melancólica melodía.

—¿Qué dicen? —dijeron los visitantes casi al unísono y tornándose hacia Barbarita esperaban una respuesta.

Ésta escuchó con atención y descifró el cantar.

—Dicen que tienen sed.

—¿Y aquí no hay agua corriente? —intervino el señor de la panza.

—Sí la hay —replicó Manolo—. Recuerde que lo dijeron en las clases de orientación. Pero temen que los tratemos de envenenar ya que el acueducto está del lado nuestro de la muralla.

—¿Y eso es todo lo que decía la canción? —preguntó Mima en tono desafiante.

—Aquí la que sabe inglés soy yo que para eso soy doctora —dijo Barbarita malhumorada.

La discusión iba a continuar cuando de pronto cruzó ante ellos un caimán albino con una gallina en la boca, que asustado por la gritería del grupo se internó en la maleza.

Barbarita y Manolo apuraron el paso y fueron de los primeros en cruzar el denso manglar y avistar las primeras edificaciones. Eran estructuras de poca altura y perfectamente hechas para el húmedo clima y la carencia de electricidad. La más impresionante de ellas era la nave del consejo, una edificación de gran dimensión abierta en todos sus lados con techo de palmas y sostenida por columnas de caoba. El piso estaba confeccionado en piedras de coral pulidos.

—Dice la Guía Michelín que aquí se reúne el consejo —apuntó Manolo.

Continuaron caminando con cautela y divisaron un grupo de jóvenes que se les aproximó. Eran esbeltos y bronceados, de cabellos de color del sol. Cada uno portaba una cinta de diferente color que le recogía la abundante cabellera. Cuando estuvieron al lado de los visitantes, les colocaron cintas de igual color que las suyas en las muñecas. El color asignaba un cicerón para guiar a los visitantes.

Barbarita y Manolo siguieron al joven de la cinta verde. Lewis, que así dijo llamarse, reflejaba en sus ojos lánguidos el dolor de su desplazada raza. El joven caminaba con pasos lentos. Después de identificarse no pronunció palabra alguna hasta que llegaron a una plazoleta. Allí les indicó que subieran a un pequeño carruaje tirado por un diminuto animal.

—¡Qué animal más raro! —dijo Barbarita sorprendida.

—Es un puerquillo salvaje de Big Pine Key —respondió Lewis en perfecto castellano—. Son pequeños pero de gran fortaleza. Los usamos para el tiro.

—Nunca había visto uno —dijo Barbarita aún sorprendida.

—Fueron casi exterminados por ustedes. Los cazaban para sus ritos de Nochebuena —en su voz se notaba amargura—. Pero logramos salvar algunos después que terminó la expulsión. Sólo los utilizamos para el transporte. Nosotros no comemos especies en peligro.

—Pero qué bien hablas nuestro idioma —afirmó Barbarita para cambiar el tono de la conversación.

—Lo he aprendido con ustedes los visitantes —guardó silencio por unos segundos y luego añadió—: Ser guía es una forma de ganarse la vida. La prefiero a la pesca o a ser imanero.

Barbarita no reconoció esta última palabra, pero prefirió callarse antes de hacer una pregunta que descubriera su ignorancia.

—Síganme y nos detendremos a tomar un refresco en The Falls, un antiguo *mall*. Ahora es el mercado de ostras y almejas.

Entraron al mercado y en el momento en que Barbarita le pedía al guía una Coca-Cola de dieta salió de debajo de una de las mesas el caimán albino con un pescado en la boca.

—Luego que ustedes nos expulsaron decretaron la prohibición del paso de mercancías a South Miami. Aquí no hay Coca-Cola a pesar que nosotros la inventamos. Hay escasez de todo por el injusto embargo que sufre nuestro pueblo. Pero le puedo ofrecer un root beer

—añadió con una sonrisa. Barbarita y Manolo bebieron el brevaje casi sin respirar.

—Tengo algunas boberías en el cesto —dijo Barbarita—. ¿Quisieras probar algo?

—Sé que es para la familia. Si ellos desean me darán algo. Son las normas y hay que seguirlas. Pero prosigamos, que la familia nos espera.

—¿Y a esta familia le gusta recibir visitantes? —cuestionó Manolo.

—Al igual que yo, señor, es una forma de sobrevivir. De recibir alimentos que no hay aquí. Todo nuestro régimen alimenticio —se dice así en español, ¿no?— es a base de moluscos, pescados, cocos e hicacos. Es algo aburrida nuestra dieta. Además contribuye a que muramos relativamente jóvenes del endurecimiento de las arterias. Ya para los veinticinco padecemos de insuficiencia sanguínea.

Barbarita fijó la vista en otro joven que trepado en un cocotero cortaba los cocos que caían como pesadas bombas sobre los hormigueros que rodeaban el árbol. El joven descendió con la gracia y agilidad de un gibón. Tomó uno de los cocos que yacía sobre el hormiguero y lo restregó contra la hierba para quitarle los diminutos insectos, y de un machetazo lo abrió. Se acercó a Barbarita y le ofreció la fruta mientras le señalaba la cesta que pendía de la mano de la forastera. Barbarita sacó uno de los sándwiches de mantequilla de maní y le dijo que lo tomara. El trepador no podía creer que le ofreciera tan codiciado manjar.

—*Wow, a peanut butter and jelly!* —dijo emocionado.

Lo engulló lentamente saboreando cada pequeño mordisco.

—Prosigamos con rapidez —dijo Lewis, el guía—. Pronto tendremos un centenar de trepadores acosándonos con sus cocos. Aquí la gente se mata por un *peanut butter and jelly sandwich.* No lo vuelva a hacer, señora. De lo contrario su vida correrá peligro. Tire el coco en esos matorrales en la próxima esquina para que nadie sepa que usted es la que porta los sándwiches. Y cubra el cesto con el impermeable que lleva su esposo.

Barbarita, asustada, lanzó el coco mientras Manolo recalcaba que en las clases no se había mencionado nada sobre el tema.

Por fin llegaron a la casa donde los iban a recibir. Tocaron a la puerta. Los anfitriones abrieron. Apareció una señora rubia con un bikini amarillo con lunares diminutos. Su marido, ataviado en viejos bermudas con parches, una ajada camisa hawaiana, gafas de sol y un arete que relucía a través de su cabellera canosa, había quedado adentro, gritando a los tres famélicos perros que cesaran de ladrar.

—*Boomer, Spot, and Sparky! Stop it!*

—*Hi!* —dijeron los nativos y enseguida añadieron—: *My name is Barbie and this is my husband Chuck.* —Barbie sonreía mostrando unos carcomidos dientes.

—¿Qué dice? —preguntó Manolo.

—Manolo, no puedo creer que ni «hi» sepas.

—Es que me puse nervioso —replicó Manolo.

El guía habló con Chuck y Barbie y les informó a los visitantes que pasaría a las tres por ellos. Barbie comenzó a mostrar la vivienda mientras Chuck encendía la vela de Citronella de fabricación casera para espantar a los numerosos jejenes que comenzaban a anidarse en el rígido peinado de Barbarita. La casa contaba sólo con un amplio salón donde se encontraba un televisor de pantalla gigante, cuatro *futons* y un bar con botellas de licor de banana. De las paredes colgaban fotos de los sitios favoritos de la pareja, ahora más allá de la muralla y por lo tanto prohibidos. Chuck y Barbie en Murphy's Law disfrutando de tiempos felices. Chuck y Barbie en Café Tokyo comiendo sushi. Chuck y Barbie en una cena de gala en el Hotel St. Michel.

Barbie señalaba las fotos y sollozando, recordaba con verdadera nostalgia los sitios de antaño. Barbarita sintiendo pena le ofreció la cesta de golosinas, no teniendo el corazón para decirle que el Hotel St. Michel era el nuevo Hotel Guayacán, Murphy's Law, La Carreta VII y el Café Tokyo, el Restaurante Gardel. Barbie entre sollozos abrió la cesta y emocionada gritó:

—*Marshmallows and Graham crackers!*

Mientras Barbie disfrutaba con cada golosina que sacaba de la cesta, Chuck condujo a Manolo hasta el improvisado portal. Allí le mostró el Ford Ranger y el Chevy Blazer que paralíticos reposaban sobre bloques de cemento. No había ni llantas ni piezas de repuesto y el salitre poco a poco iba devorando el metal.

Luego asió a Manolo por el brazo y lo llevó ante la gigantesca pantalla del televisor, y lanzando un suspiro le dijo: —*It doesn't work either. No more football* —y lloró amargamente.

Manolo sintió pena y sólo atinó a decir: —*No football. No good!*

Chuck le abrazó.

Eran exactamente las tres cuando Lewis tocó a la puerta, encontrando a Manolo vestido con la camisa hawaiana y los bermudas y a Barbarita con el bikini de lunares diminutos. Ambos estaban descalzos. Conmovidos ante tanta necesidad, Barbarita y Manolo habían trocado sus ropas por las de sus anfitriones y donado los zapatos. Ya en camino se voltearon para decir un último adiós a Chuck quien, portando la guayabera, agitaba las manos en señal de despedida.

En el trayecto de regreso Lewis les mostró la gente sin hogar mientras que a poca distancia el caimán albino engullía al mutilado Sparky bajo la sombra del hicacal.

—Les llamamos los ambulantes. Se pasan el día recogiendo fragmentos de vidrio, plástico, astillas de madera. Aquellos a la derecha son los imaneros. Se dedican a pescar con sus imanes las latas que traen las mareas. Las latas que ustedes tiran al mar al otro lado de la bahía.

Continuaron el trayecto en silencio hasta llegar a The Keg, una destartalada cantina donde les ofreció una bebida hecha de jugo de mangle la cual produjo tal efecto en los visitantes que Manolo terminó abrazando al guía y gimiendo: —*No football. No good! My friend.*

Después de la conmovedora escena, Lewis condujo a los descalzos visitantes hasta la Puerta de Sunset donde el autobús los esperaba para llevarlos a sus hogares con los recuerdos de las tierras de la reserva anglosajona de South Miami y el olor a franchipán que perfumaba el atardecer.

Siboney dos

Siboney yo te vendo los limones de tu tío
por amor
Siboney yo te doblo la ropa de tu tía
por tu amor.
Siboney en tus manos que mitigan el dolor.
Ven a mí
que te espero
y como tesoro eres para mí
Siboney al arrullo de las palmas pienso en ti.
Siboney de mis ensueños
si oyes la queja de mi voz
Siboney si no vienes
te espero en mi balcón.
Siboney de mis ensueños
te espero con ansia por el expressway
porque tú eres el dueño de la patria, Siboney
Oye el eco de mi canto sin final
no se pierda por entre el rudo Bayside.

Querida amiga Barbarita:

*Cuando leas estas líneas ya habré pasado más allá de las már-
genes del arroyo que murmura y estarás leyendo esta canción que le
escribí a ese mal agradecido que me dejó en el abandono y mató en
mí todas mis ilusiones, a quien le di mis recuerdos y al quedarme
sin ellos no me quedó otro remedio que marchar a las misiones para
ayudar a otros más desgraciados que yo. Mi amor por él era el amor*

de la patria. ¡Ingrato! Creí que existía la bondad, que había gente buena, querida amiga. Recuerdo que llegó a fines del verano y hasta lo llevé a visitar mi playa. Y ¿cómo crees que me pagó? Me pagó burlándose de mi inocencia. Ahora sí sé que existe la crueldad y que acaban con tu fe. Sólo tú quiero que leas estas líneas y cuando te hayas cansado de ellas, quema ésta.

Tu amiga,
Mirta María Vergara

Mala memoria

Manolo se levantó temprano y a pesar de la artritis que le afectaba la pierna derecha, sacó el cubo, el champú de alfombra, el detergente y la cera para dedicarse a limpiar su Nissan del '84. Lo había comprado a precio especial en el '85. Barbarita se había inclinado por un Chevrolet pero la dulce voz de la japonesa, que le indicaba cuál puerta quedaba abierta, si las luces permanecían prendidas, si había dejado la llave puesta y hasta cuándo podía proseguir sin peligro, lo había cautivado.

Al igual que Manolo, la japonesa había cambiado el metal de voz con el pasar del tiempo. Su dulce voz de laúd se había tornado ronca. Pero su ayuda le era más importante que nunca ahora que había *notado* que la memoria le había comenzado a fallar. Barbarita, que se había percatado del problema, también le recordaba que se abrochara el cinturón antes de manejar y que frenara con firmeza. Manolo no le hacía mucho caso. Sencillamente le decía: «Despreocúpate que para eso tengo a mi japonesa».

Esa tarde, después de terminar de limpiar el vehículo, Manolo colocó las bolsas de latas vacías en el maletero y se dirigió a la bahía a tirarlas al mar con la esperanza de que las mareas las llevaran al otro lado del brazo de mar, y así ayudar a los imaneros que se dedicaban a pescarlas en el depauperado South Miami.

Manolo notó esa tarde que la japonesa no funcionaba con su habitual prontitud, pero atribuyó la demora a la elevada humedad. Manolo sintonizaba una estación de radio y no llegó a escuchar cuando la japonesa le indicó que había quedado abierta la puerta trasera de la derecha cuando en realidad era la izquierda.

Regresaba de su misión humanitaria. Había arrojado al mar las latas en las veintidós bolsas que llevaba. Se sentía que había hecho algo por aliviar la penuria de los que vivían del otro lado del mar. Tarareaba una canción de cuna cuando a lo lejos vio el triángulo invertido de la señal de Ceda el Paso. Continuó manejando. Se disponía a frenar ante el triángulo cuando la japonesa le comunicó que podía continuar sin peligro. Manolo confiaba plenamente en ella.

No vio el camión de mudanzas que velozmente se deslizaba por Bird Road ni nunca más volvió a escuchar los ronquidos de Barbarita ni la voz de la japonesa que continuaba dando órdenes disparatadas cuando la grúa remolcadora apartó el averiado Nissan del '84 de la intersección.

Sólo el cejudo conductor de la grúa se dio cuenta de que la japonesa ya estaba demente cuando instó al confiado Manolo a proseguir.

El show de Titina

Titina apagó el despertador y se sentó al borde de la cama. Se inclinó y recogió la peluca rubia que yacía tirada en el piso. Abrió el cajón de la mesa de noche y sacó el cepillo. Todavía soñolienta comenzó a cepillar la cabellera postiza. Era el ritual de la madrugada. El reloj había dado la segunda sesión de chillidos para asegurarse que Titina se había despertado. Eran las tres y quince minutos de la mañana. Titina salió de la cama y colocó la peluca sobre la cabeza plástica que permanecía siempre vigilante sobre la cómoda. Se dirigió al baño a ducharse y como era miércoles aplicó la crema depilatoria a sus robustas piernas y de paso dio una retocada al negro bozo que la había atormentado desde la pubertad.

Abrió la puerta de corredera de la bañera. Oprimió el botón que controlaba la temperatura del agua y la magnitud del chorro. Se enjabonó y se frotó el cuero cabelludo con la loción Samy Siglo 21 Resucitadora del Cabello con la esperanza que no se le continuaran cayendo las pocas hilachas canosas que le restaban —su gran secreto.

Luego de concluir sus abluciones matutinas, Titina se colocó las lentillas color verde botella en los ojos para enmascarar su oscuridad. Estaba desnuda y así fue a la cómoda. Seleccionó unas bragas rojas de encaje y un sostén negro de tul. A la reina de los *talk shows* sólo le faltaba apretar el botón a la entrada de su gigantesco clóset que pondría en movimiento el mecanismo giratorio y daría comienzo al desfile de vestuarios. Para hoy había escogido el G243, un ceñido vestido esmeralda especialmente diseñado para ella por la recién fallecida Sara Bosard.

Titina se dirigió al bar y se preparó un martini. Era lo único que lograba despertarla. Se tiró en el diván y comenzó a leer las notas sobre los panelistas del programa de hoy. Leía sobre el tercer panelista cuando recordó que tenía que decirles a las sirvientas que no olvidaran de preparar todo para la cena de Celia. Con el trago en una mano y el fichero en la otra, caminó lentamente hasta las habitaciones de las mucamas, tres recias y austeras castellanas importadas de Valladolid. Ángela, Alberta y Alfreda, las hirsutas íberas, dormitaban cuando Titina provocó al gallo despertador de Alberta, que lanzó un ensordecedor y nervioso canto.

—Muchachitas, recuerden que mañana es la cena de Celia y ojo con la sal que la última vez se les fue la mano. Preparen los hojaldritos de chistorra, lo piononitos de cangrejo, el pulpo a la vinagreta y los callos a la asturiana para el entremés. Y para los platos principales esmérense con las fabas con almejas, el conejo al vino tinto y el solomillo Wellington, y de postre la crema catalana y la tarta de Santiago. No me hagan quedar mal que Celia tiene un paladar muy exigente, y cuidadito con echarle azúcar en el café, que le gusta amargo.

Las mujeres asintieron con la cabeza y continuaron soñando con los chorizos, longanizas y morcillas de su árida y fría tierra.

Titina puso las notas en su maletín y entró en el ascensor que la llevaba directamente de su penthouse al estacionamiento. Abrió la puerta del Rolls descapotable y buscó la bufanda que le protegería el cuello del aire. A Titina le gustaba sentir el viento fresco de la bahía, pero sabía que la frialdad era su enemiga. Su voz era su más preciado tesoro. Su cautivante voz de pregonera habanera la había convertido en ídolo de norte a sur.

El recorrido por Brickell Avenue hasta el canal de televisión le servía para ordenar sus pensamientos y desarrollar ideas para nuevos programas. Había que estar siempre a la expectativa de cualquier reto de la competencia. «*Ratings, ratings, ratings*», le recordaba siempre el productor.

Llegó al canal y dio las llaves del Rolls al valet para que le estacionara el auto. Tomó el ascensor hasta el segundo piso y entró en su oficina. Siboney, su secretario particular, la esperaba para darle la bienvenida con una taza de café mientras que Samy le retocaba la peluca que el viento había batido en el trayecto.

—Sam, ¿crees que debo cambiar de estilo?

—Siéntate, mi reina. Y la respuesta es no, no y no. El estilo y el color eres tú. Es tu marca de garantía como el supercake de la Gran Vía.

Titina se dirigió a Beau, que así le decían a su secretario.

—Beau, ¿cuándo empezamos la grabación? —preguntó la blonda poniéndose de pie.

—Dentro de quince minutos. Relájate. Ya la audiencia está congregada en el estudio B. No cabe una persona más. El tema de hoy ha traído una inmensidad de público.

—La gente ama la tragedia —intervino Samy mientras inspeccionaba el maquillaje de la estrella.

—Hoy han venido con muchos regalos —dijo Beau—. Tres puercos enanos de Big Pine Key, cuatro loros, una llama, dos coquíes y una guacamaya.

—El público está respondiendo al llamado del Zoológico Titina Para Animales Sin Hogar —la rubia tragó el último sorbo de café.

—¿Se enteraron de la última noticia? —Samy no dejó que los otros respondieran—. ¡Regresa Mirta de la India!

—Esa vieja inmunda. ¡Pervertida! ¡Corruptora! *Child molester!* —dijo Siboney con desdén y nervioso se clavó la uña del índice en la yema del pulgar.

—Pues para mí es una santa —se apresuró Samy en agregar—. Ha hecho mucho por la humanidad.

—Siboney, quiero que antes de que llegue te pongas en contacto con ella. La quiero para un show especial.

—¿Y tengo que ser yo?

—Que yo sepa eres el encargado de invitar a los panelistas al show —dijo Titina con autoridad.

—¡Es hora de empezar! —se escuchó una voz del estudio B.

—Señoras y señores, respetable público que nos acompaña hoy desde esta ciudad donde el sol es arte. Distinguidos panelistas, de Miami para el mundo es El Show de Tiiiiiitiiiiiinaaaaaa.

Los reflectores iluminaron a la audiencia que abría y cerraba tres veces los ojos en perfecta sincronía, el tradicional saludo o despedida del show de la rubia dorada.

Titina descendió la escalinata que la conducía al centro del auditorio al compás de los aplausos y del tema musical del programa, «Vivo por ella». La anfitriona se acercó a los invitados y les extendió la mano. Una de ellas apresó la mano de Titina entre las suyas y se la llevó al corazón, el otro prometió jamás lavarse la mano que había estrechado la de la rubia.

—Hoy, querido pueblo mío, porque todos los hispanos somos un solo pueblo, presentamos un show muy especial, «Secretos que me pesan», para los millones de espectadores que ven este programa. Estos son secretos que han venido torturándole la existencia a estos seres, secretos que les agobian el corazón. No importa si ha sido un secreto que ha venido cargando por años y años o desde hace poco tiempo. No es el tiempo lo que importa sino la densidad de la carga que les ha venido aplastando la existencia como una pesada plancha de plomo. Sé que están ansiosos y sin más demoras les presento a los tres panelistas de hoy: Petra Josende, la doctora Barbarita González y Rigoberto Leto. Un fuerte aplauso para ellos.

—A ver, doña Petra, cuéntenos qué la ha acongojado, que según la información que tengo en mis notas, le viene quitando el sueño desde su juventud. Lo importante es el paso que usted ha dado viniendo al programa. A ver, deje de llorar y séquese esas lágrimas que ya pronto no tendrán motivo por qué fluir. Aquí estamos todos, doña Petra, para escucharla y brindarle nuestro apoyo moral —Titina se dirigió a su asistente—: Morgana, por favor, tráele la caja de Kleenex a la señora. Recuerden que los Kleenex son fuertes y duraderos y uno de nuestros anunciantes.

Las cámaras hicieron un close-up de la frágil anciana, vestida de raso azul y de cabellos blancos y espesos como el lomo de un armiño, secándose los ojos.

—Yo quisiera agradecerle a usted Titina y a su maravilloso programa por haberme concedido la gracia de poder venir aquí desde Antigua en Guatemala. Usted es el sol que alumbra a todo este hemisferio y a todos los hispanos desde la Patagonia hasta Nueva York.

—Doña Petra, me ruborizo ante tan bellas palabras —dijo Titina mostrando su blanca dentadura y llevándose el índice a la boca.

—Es la pura verdad. Usted es una gran mujer y aquí en el bolso llevo su libro *Confieso que también he vivido*, que es toda una inspiración.

Titina tornó los ojos hacia las luces del techo en una mirada resplandeciente y sublime, la mirada eterna de una santa, e instó a la anciana para que comenzara a aligerar el peso que la oprimía.

—Pues mire usted, contaba con unos diecisiete años y mi amiga del alma, que le decíamos Niña, y que era como una hermana para mí, rondaba por los dieciseis.

—Dos chavas —agregó la anfitriona.

—Nosotras siempre juntas desde el primer grado. Pues resultó que llegó un forastero a nuestro pueblo, un poeta. No recuerdo ahora cómo se llamaba. ¡Han pasado tantos años! Volvió loco a todas las muchachas del pueblo. Él siempre tan perfumado. Olía a tabaco fino, a colonia de Francia. Y hablaba con mucha elocuencia...

Titina miró a la anciana con intensidad pero ya su mente se alejaba del estudio.

«*¡Qué hambre me está entrando! Esto va pa' largo. Quedan dos más y esta vieja está inspirada. ¡Qué hambre! Quién estuviera en Shibuie con un plato de veinticuatro rollitos de sushi. Tengo que pasar por Elite Gallery y recoger la foto que mandé a enmarcar de los bisabuelos de Samy. No creo que reciba mejor regalo de cumpleaños. Isabel Vélez Díaz y Felipe Suárez García. Se va a sorprender Samy. Si no fuera porque está de moda tener sirvientas castellanas ya hace rato que hubiera botado a ésas tres que no mueven un dedo. Se me pasó invitar a alguien pa' la cena de Celia y ahora no me acuerdo, oyendo tanta tragedia cualquiera pierde hasta la memoria*».

Los sollozos de Petra retornaron a Titina al recuento.

—...Había corrido mucho mundo. Las grandes capitales europeas, bueno un hombre de mundo. Yo me enamoré de él y Niña perdió la cabeza. Recuerdo que hubo un baile de disfraces en el edificio del cabildo y él me sacó a bailar. Yo quedé embelesada. Me miró a los ojos. Tomó mis manos en las suyas y me dijo: «Eres mi monte de espumas. Eres mi verso lo que veo ante mí». Y de pronto se excusó diciendo que tenía que ir al baño. Pensé en ese momento cómo el llamado de la naturaleza podía más que la inspiración humana.

Los ruidos del estómago de Titina delataban el hambre. Titina hizo un esfuerzo por mostrar interés.

—Yo esperé y esperé pero él no regresaba de sus necesidades. Pensé que le habían caído mal unos chuchitos y unos tamalitos negros que había comido con tanto gusto. Entonces se me ocurrió subir al balcón del segundo piso. Y me lo encuentro allí besando a Niña y diciéndole que era su monte de espumas.

—Estaba ligándose a Niña —afirmó Titina.

—¡Farsante! ¡Embustero! —gritó Petra alterada.

—A ver, mamita, cálmese. Morgana, tráele una gaseosa de limón. No se me altere. *All right*. Pasamos a unos comerciales mientras usted se compone. No se nos vayan.

—Mire señora el refresco —se escuchó la voz de Morgana entremezclada con los primeros compases del anuncio.

Marque el ocho-nueve-diez de Titiphone. Sí, la compañía de teléfonos Titiphone le ofrece las mejores tarifas para ahorrar a lo inmenso. Ochenta y cinco centavos a Patagonia, setenta y cinco centavos a Cochabamba, cincuenta

centavos a Cali, treinta centavos a Chihuahua. Con Titiphone usted habla más y ahorra más. Y ahora Titiphone facilita el envío de dinero a sus seres queridos en Cuba. Recuerde: ocho-nueve-diez y escuche la voz de mamá.

Visite Virgil's Aviary y compre los únicos pajarillos que tocan instrumentos de percusión: los loritos congueros, las cotorritas bongoseras, las guacamayas timbaleras, los tucanes maraqueros y los tomeguines güireros. Aprender ritmo es aprender salud.

—Continuamos ahora con Doña Petra y sus conmovedoras palabras —dijo Titina mientras las cámaras volvían a enfocar a la anciana.

—Pues yo di media vuelta y no les dije nada. Ellos no me vieron. Salí de ese baile destruida, deshonrada. Al otro día, Niña, muy entusiasmada, me dijo que el poeta se le había declarado y que eran novios. Yo me mordí los labios para no llorar. Lo hice con tanto ahinco que me comenzaron a sangrar. Niña se asustó, casi se desmaya. Pero se calmó cuando le dije que sufría de gingivitis. Estuvieron enamorándose por meses y yo sufriendo en silencio. Recuerdo que la ayudé a confeccionar una almohadilla de olor. Le pusimos pétalos de gardenia, de jazmín, de rosas, y de mi flor predilecta, el galán de noche. Quería que ese ingrato tuviera algo mío. Él se fue del país prometiéndole que volvería pronto y estrechando contra su pecho la almohadilla de olor. Niña quedó desconsolada y yo tratando de animarla, diciéndole que eran solamente unos meses de separación, que regresaría tra poco. Pasó el tiempo y una tarde que estábamos preparando unos taquitos de patín, los sirvientes vinieron a avisarnos que se aproximaba un carruaje con el poeta y una dama. Efectivamente, había regresado, pero casado.

—Así es, doñita. En los hombres no se puede confiar —interrumpió Titina al mismo tiempo que se alisaba los cabellos.

—Niña se desesperó. Corrió a la terraza de la casa y lo vio con sus propios ojos. Se me abrazó llorando y corrió despavorida por el sendero que lleva al río. La seguí, pero no pude alcanzarla. Cuando llegué estaba en la orilla. Me vio y antes de que pudiera pronunciar palabra se lanzó a las aguas. Pero parece que se arrepintió de lo que había hecho y gritó, «Auxilio».

—Éste es un momento traumático en su confesión así que por favor nadie del público interrumpa. Y díganos, ¿qué pasó entonces?

—Había una de esas varas que se usa para aguantar las tendederas de ropas y yo en la turbación no logré verla. Esa vara le hubiera salvado la vida. No se murió

Niña de amor como luego dijo ese engreído y apuntaron los periódicos. No puedo más, no puedo más seguir. No puedo.

Titina caminó hasta la doliente anciana y enjugándole las lágrimas con un Kleenex azul la consoló.

—Siga doña Petra para que nada le quede por dentro.

—Recuerdo su entierro. Vinieron grandes personalidades, hasta el Cardenal Firmat y el entonces embajador de Haití.

—Titina, hay una pregunta del público —observó Morgana—. Es la señora del vestido de lentejuelas.

—Su pregunta, señora. Prosiga señora —dio orden Titina.

—Sí, mire doña Petra, cuánto siento que su amiga haya muerto ahogada pero no se martirice tanto que no fue culpa suya. Su amiga había estado preparando y de seguro comiendo los taquitos de patín. A su amiga no le dio tiempo de esperar las tres horas para la digestión. Al tirarse al río y con el impacto del agua fría le dio una embolia y por eso murió.

—¿Cree usted señora? —dijo la anciana notándose en su voz la cadencia del alivio.

—Lo creo como que estoy aquí sentada. Pero lo que yo quisiera saber es ¿qué le pasó a ese sinvergüenza?

—Ese señor tengo entendido que murió años después cerca de dos ríos, el Misisipí y el Misuri, aquí en este país.

—Es lo que digo yo, señora —continuó la dama de las lentejuelas—. El que hace mal el suyo le viene caminando.

—Qué buena onda que doña Petra se sienta mejor. Y ahora tengo que irme a unos breves comerciales. Ya regresamos —dijo Titina aliviada ella también que doña Petra hubiera terminado.

Treinta años de experiencia en gastronomía nos respaldan para ofrecer una amplia variedad de productos de la mejor calidad. Para ello Delicias de España en Miami quiere empezar ofreciéndoles desde un buen desayuno español hasta un almuerzo especial, merienda o el mejor de los banquetes para todo tipo de celebración. Venga y visítenos o haga su pedido al tres-cero-cinco seis-seis-nueve-cuatro-cuatro-ocho-cinco.

—«Secretos que me pesan», ése es nuestro tema de hoy en el Show de Titina y nos honra con su presencia nuestra próxima invitada, me refiero a ese pilar de la sabiduría de esta ciudad del sol, la doctora Barbarita González.

Ojalá ésta sea breve, pensó la hambrienta rubia al acercarse a la doctora González.

—Barbarita, no es falta de respeto, querido público, referirnos a esta docta dama con el diminutivo porque así le decimos todos quienes conocemos a este faro del saber. Tengo en mis notas que la trae a nuestro programa un pesar.

—Sí, cara amiga, me trae un hondo pesar, una pena que me perturba el alma.

—Prosiga hermana.

—Como algunos habrán leído en los periódicos mi compañero, Many, falleció como resultado de un accidente automovilístico.

—Lo recuerdo perfectamente —apuntó Titina—. Y asistí a sus funerales. Y también recuerdo que chocó contra un camión de mudanzas.

—Así fue —dijo Barbarita—. Pero yo fui la culpable de tal percance que le costó la vida. Fue materia de celos, celos de mi parte. Celos infundados en la irrealidad pero celos. Les aseguro que eran celos. El amor es más tranquilo como un beso.

Titina temió que la doctora se extendiera más de lo esperado y su mente comenzó a vagar.

«Estarán preparando todo las castellanas. Están tan informales que voy a tener que despedirlas. ¡Ay que dolor de espalda y con estos tacones! Esta noche no podré dormir del dolor. No me debería haber puesto en cuatro patas cuando me dieron la estrella en Hollywood. Tengo que pasar por el Pan-American Hospital a ver si a Enrique le extirparon la verruga. ¿Cuándo terminará el cuadro Falero? Hace cinco años y no acaba, pero si Glorita tiene un Falero yo no me puedo quedar atrás. Cada vez que me retratan para Selecta *siempre salgo mal. San Guiven Santo esta mujer que acabe rápido y no se inspire como la vieja. Ya recuerdo a quién se me olvidó invitar a la fiesta de Celia, a Gustavito Pérez…»*

—Many hablaba diariamente de ella. Tenía más confianza en ella que en su propia madre. Siempre recalcando lo eficiente que era, y así las veinticuatro horas del día elogiando a la japonesa. Para decir verdad, Manolo quedó muy afectado de la excursión que dimos a la reservación de South Miami. Las penurias de esa pobre gente lo conmovieron. Primero le dio por meterse en no sé cuál religión que le prohibía comer margarina. Me formó un lío con eso. Me decía que como la margarina es producto sintético cuando uno la ingiere el estómago no sabe digerirla. Entonces le envía un mensaje al cerebro y el cerebro responde que él no sabe tampoco. Imagínense que yo siempre he cocinado con margarina, Many se pasaba horas después de comer convenciendo al cerebro que le dijera a su estómago cómo digerirla. Ese viaje a South Miami lo trastornó mucho. Cuando se le pasó lo de la margarina, le dio por recoger latas de los contenedores de basura y tirarlas en Dinner Key Marina para que se las llevara la corriente y esa pobre gente las pudiera recoger. Recuerdo que le dije: «Many, ¿sabes llegar hasta Dinner Key?» y me respondió, «Tengo a mi japonesa que me guía». Ese día me dio tanta rabia que cogí un par de imanes y los pasé por el tablero de mando del carro y también le di un martillazo para que esa japonesa no volviera a hablar, pero ella continuó platicando como si nada. Creí que había fracasado en mi intento de silenciarla para siempre. Pero después del accidente supe que le había provocado una pérdida de la memoria y como consecuencia había instado a Many a proseguir cuando hubiera debido haber frenado. Yo soy la culpable de la muerte de Manolo —Barbarita comenzó a sollozar.

—El señor del sombrero de fieltro —señaló Titina para que hablara.

—Mire doctora González, usted está en un grave error. Los imanes no alteran los *microchips* en lo absoluto y la voz de la japonesa está grabada en un microchip. Tampoco había perdido la memoria. Me inclino a pensar que fue un problema de electricidad en el carro. Al disminuir el flujo de electricidad la voz fue afectada. Tengo una compañía de remolque y como el caso de su esposo hemos visto varios. Deje de culparse. ¡No fue su culpa! —exclamó el perito remolcador.

—¿Cree usted? —preguntó Barbarita algo más calmada.

—Mire, si usted quiere después del programa la invito a tomar un café con leche en Versalles y allí le explico cómo funciona un *microchip*.

—No sabe el peso que me ha quitado de encima —respondió la doctora.

—Señora, sé el alivio que está sintiendo —intervino la anciana.

—Ahora que me siento mucho mejor, aprovecho la oportunidad que me da este fabuloso programa para que sepan que mis poemarios *Loa a las frutas* y *Canto a Borinquen* ya están a la venta en la Librería Universal, y quisiera compartir con ustedes una de mis composi-

ciones dedicada a esa otra isla de ensueños, y parte de
mi segundo poemario. Dice así:

Puerto Rico, isla maravillosa
encaje de espumas con sabor a sal.
Puerto Rico, abanico de nácar
gaviota que extiende sus alas en medio del mar.
Puerto Rico, de un verde tan verde
cual fruto ¡ay bendito! que no maduró.
Puerto Rico, deja que el viajero
de un suelo extranjero
se bañe en tu azul.
Y se vaya luego
vestido de brisa,
Y lleve en su risa
un tatuaje hondo
hondo, hondo, hondo
que le has hecho tú.

—Ay, señora, pa' decirle la veldá, veldá usté me ha
hecho lloral. Me ha recoldao a mi pueblo, a Jayuya, allá
en mi isla. Mire, yo siempre había pensao que ustedes
los cubanos eran muy pretensiosos, peldóname Titina,
pero después de este poema lo que quisiera es dal-le un
beso y compral sus libros de poesía.

—Muchas gracias, señora —dijo Barbarita con-
movida—. Compuse este poema en un viaje que hicimos mi difunto esposo y yo en un crucero que dimos
cuando nos ganamos la rifa en la tómbola de San Juan

Bosco. ¡Qué mayor halago para mí que a una hija de Borinquen le agrade mi humilde homenaje a su tierra.

Titina pidió excusas al público y se estiró para así mitigar el dolor de espalda antes de proseguir con el último panelista, y pensó lo descarada que era la gente que usaba su show para promoverse a sí misma.

—Ahora, querido público, les presento al último panelista de este excepcional día de absoluciones. Me refiero al señor Rigoberto Leto de la ciudad de Opa-Locka. Aquí tengo en mis notas que también el señor Leto sufre de angustia producto de un sentido de culpabilidad. Adelante caballero —dijo al posar el índice sobre la mejilla derecha e inclinar levemente la cabeza a la izquierda.

—Mi nombre es Rigoberto Leto, Rigo para mis amigos y ustedes ya son mis amigos, y quisiera compartir con Titina, que es como una madre para todos, la congoja que no me deja vivir. Desde que llegué a este país trabajo de capataz en la fábrica de Hugo Valdés, quien es el mayor proveedor de fuegos artificiales para esta gran nación. También tuve un pequeño negocio de convalidar títulos de las Escuelas Normales de mi patria y de hacer ciudadanos cubanos a los españoles residentes en Miami. Yo vivía en el edificio que mantiene el señor Valdés para sus empleados. Allí vivía con mi hija Vivian. La mamá se murió en el año ochenta de un queso manchego que comió que estaba malo. A mi hija no la dejaba ni salir a la esquina, solamente a la iglesia los domingos con Margarita Jiménez que era la señora que la cuidaba. Pero un día el señor Valdés la vio cuando regresaba de misa y al día siguiente me preguntó que quién era. Le dije que una amiga mía. Pero parece que le gustó más de lo que yo creía y envió a dos de su guardaespaldas para que la secuestraran. Ya había sobornado a la señora Jiménez. Ésta dejó la verja abierta y por ahí entraron y raptaron a Vivian. Pero resulta ser que Vivian se enamora de Valdés. Él la engatusó. Se la llevaba a South Beach, a Bayside, a Coconut Grove. Imagínense, yo que le tenía prohibido salir de la casa y él mostrándole el mundo.

—Mire, Rigo, a mí me parece que usted le hizo daño manteniéndola aislada del mundo —recalcó Titina.

—¿Daño yo? —respondió el airado padre—. Daño el que le hizo Valdés. Para continuar, tuve la ocasión de pasarle una nota a mi hija con la señora Jiménez, que ahora trabajaba para el fabricante. Ciento veinte dólares con cuarenta centavos costó sobornarla. Ella cobra el siete por ciento de impuestos, dice que para su jubilación.

—No sabía que se pagara impuestos en esa índole de transacción —expresó la rubia.

—Mi hija respondió a la nota y nos dimos cita en la misma fábrica detrás de unos sacos de pólvora. De allí le pedí me acompañara al motel El Nido para que viera qué tipo de gente su adorado Hugo frecuentaba. Cuando lo vio todo a través de una ventana, Vivian me abrazó llorando, y en ese momento le dije que tomara la guagua a casa y se vistiera de hombre y tratara de cruzar la muralla de South Miami. Yo en mi dolor les había pagado a dos rufianes para eliminar a Valdés. Pero una de las amiguitas de Valdés era hermana de uno de los rufianes que yo había contratado. Ella le suplica a su hermano que no mate a Valdés. El rufián accede pero le dice a su hermana que tendrá que substituir a Valdés por el primer hombre que aparezca por allí esa noche.

—¡San Guiven Santo! ¡Qué enredo! —exclamó Titina—. Sigue, sigue que esto está interesante. —Titina había tomado interés en este angustiado episodio.

—Entonces Vivian, vestida de hombre, regresa al Nido para asegurarse que es Valdés el que enamora a otra.

—Eso se llama una relación codependiente —aseguró la autora de *Confieso que también he vivido*.

—Vivian se asoma a la ventana. En ese momento, el

rufián que la ha visto, sale y la hiere mortalmente. La mete, entonces, en un saco que luego despachará por UPS. Al otro día, yo pensando que Vivian está a salvo en South Miami, tocan a la puerta y es el hombre de UPS con un saco y un sobre. Abro el sobre y leo las instrucciones que explicaban cómo deshacerme del mismo. Decía que lo tirara en el Miami River. Pero de pronto, se aparece Valdés en mi casa buscando a Vivian. Allí fue que abrí el saco.

—¡Virgen de la Altagracia! ¡Qué desgracia! —exclamó una dominicana que lloraba desconsoladamente.

—Ya ven que yo fui el culpable de su muerte —balbuceó el perturbado Rigo.

Morgana le hizo señas a Titina indicándole que el señor de la guayabera verde tenía una pregunta.

—Mi nombre es Ignacio Valls y perdone lo que le voy a decir, pero eso usted se lo buscó. Usted mandó a matar a Valdés y le salió el tiro por la culata —cuando el hombre se sentó el resto del público se dio cuenta que las piernas le temblaban de la emoción.

—¡Ay bendito! No sea tan cruel con el señor que ya ha pasado por mucho y apique que le dé un *heart attack*.

—*Heart attack* se dice infarto —apuntó Titina.

—Mire, Rigoberto, no se preocupe que usted quería lo mejor para su nena y ese Valdés es tremendo mujeriego igual que el poeta del que habló la señora de Guatemala.

—Tenemos que aprender a perdonar —afirmó la anfitriona—. Los humanos tenemos que aprender a perdonar en el nuevo milenio. Si no nos perdonamos esto no va durar mucho. Ahora mismo estréchele la mano a su vecino y pídale perdón. Recuerden las palabras de Michael Jackson, que considero uno de los grandes profetas del siglo XX: «*We are the world. We are the children*. Somos el mundo. Somos sus hijos».

Titina se acercó a los panelistas y les pidió que formaran un círculo con ella y se abrazaran. Los invitados lloraban de emoción. A Titina se le aguaron los ojos del dolor de espalda y mirando a las cámaras expresó: —Se terminan las angustias aquí hoy selladas con broche de amor. Se nos acaba el tiempo. Mañana la entrevista con los que conocieron a San Guiven: el Padre Espino, Virginia y el Cardenal Firmat, que han accedido a someterse al detector de mentiras. ¡La exclusiva! Aquí en el show donde el público dicta lo que quiere. *Bye bye, everybody!* ¡Adiosito! *I love you!* ¡A todos en sus casas los quiero mucho! ¡Y sigan soñando!

Loa a las frutas

Más suave que el melocotón en Miami
es la gratísima guayaba,
al gusto lisonjera
y a la que en dulce y cascos todo el mundo saborea
cuya planta exquisita
divierte el hambre y aun la sed limita.

La guanábana enorme en Hialeah
agobia el tronco con su sobrepeso
cuya fruta disforme
a los de la Calle Veintinueve sirve de embeleso,
un corazón figura
y al hombre da vigor con su frescura.

Misterioso es el caimito allá en Westchester,
con los rayos de Cintio reluciente
en todos sus matices
de morado a verde se hace patente,
cuyo tronco lozano
ofrece en cada hoja un busto martiano.

Barbarita González, poeta

Alpiste

—Yo quisiera saber si usted me pudiera curar de estos granos que me están saliendo y también a ver si pudiera evitar que se me siga cayendo el pelo. Yo nunca tuve granos de joven y mire como tengo la cara que parece la cordillera de los Andes. El primero me salió el día después de la cena de Celia y de allí pa' lante ha sido uno diario. He probado cremas, rayos laser, remedios caseros, pero nada. No me puedo concentrar en mi trabajo. Se me olvida todo con esta preocupación que tengo. Yo creo que debe ser alguna maldición que me echaron las tres sirvientas castellanas que tenía y que tuve que despedir. Las despedí esa misma noche después que se fueron todos los invitados. La cena fue un desastre. Todo quedó quemado o demasiado salado. Y les había repetido mil veces que a Celia le gustaba el café amargo. Cuando le sirvieron el café andaban cuchicheando entre ellas. Tenía ganas de acercármeles para oír qué andaban diciendo pero tuve miedo que me mancharan el vestido nuevo con esas 'jotas' tan fuertes que son como un géiser de saliva. Celia bebió su primer sorbo de café y gritó indignada: «Asúcaaaaaaa». ¡Qué bochorno pasé! Esa misma noche les pagué y les dije que tenían que irse al otro día. Me gritaron: «Roñosa», y Ángela, la más bajita de ellas, la que está teñida de rubio, me miró con ojos de furia y me dijo fríamente: «Lo único que siento es que Weyler no llegó a acabar con todos ustedes». No tengo ni idea de quién pueda ser ese Weyler pero me imagino sea algún matón español amigo de ella. Conste que las despedí con el dolor de mi alma porque yo llevo a España en el corazón, y me baño todos los días con jabón de Castilla. Mi abuelita Lola era catalana y siempre me hablaba de las sardanas que son sabrosísimas y aquí no se consiguen. Así se dice sardina en su tierra. Bueno, por todo lo que me está pasando decidí venir a consultarle. El mes que viene tengo que viajar a México porque me van a dar el Nopal de Oro y no puedo ir con esta cara que parece un guayo. El productor de mi show me ha dicho que hasta los *ratings* están bajando. Yo le he advertido que por favor no me enfoquen las cámaras tan cerca.

—Mire, Titina, soy un enamorado de su show. En seguida vamos a neutralizar ese maleficio y cuando le den ese Nopal su cara va a estar tan lisa como la de la Mona Lisa. Escúcheme bien. Usted tiene que buscar una gorriona que esté poniendo. La va a pintar de verde, que es el color de la esperanza. Después la va a alimentar con alpiste tres veces al día por siete días, y la va a soltar en medio de la bahía. Tiene que ir en un bote de remos que sea de *fiberglass*. Pero asegúrese que el ave vuele en dirección a España, hacia el noreste, porque de allí le vino la salazón. A medida que reme hacia la costa usted vaya regando Abre Camino por las aguas.

—¡Cuánto se lo agradezco!

—No se apresure que todavía no he terminado.

—Ay, perdón.

—El primer lunes después del primer martes del vuelo de la gorriona verde, usted va a comprar un saco de veinticinco libras de arroz Mahatma, *long grain*. No compre el instantáneo que ése no sirve. Entonces usted va a ir regando el arroz por todo Brickell Avenue, que es la avenida donde vive usted y donde se encuentra su trabajo. Esa misma tarde, antes de que sean las cuatro y treinta y siete, coja un cubo y reúna tres aguas: agua de lluvia, agua de río y agua de lago. Paséese por toda su casa con el cubo y luego tire el agua por la puerta de atrás y vaya repitiendo: «Quien canta sus males espanta». Por si acaso, puede decirlo una vez en inglés: *Ji ju sins esquear di ibil agüey*. Exactamente veintiún días después, acuérdese que tiene que ser exactamente veintiún días después, vuelva al medio de la bahía y dele de comer a la primera gaviota que vea, mientras cante: «Cántame un pasodoble español que al oírlo se borren mis penas.»

Usted debe comprar todo lo que necesita en la botánica Happy Birthday San Lázaro. Cuando vaya a la botánica pregunte por Pelayo. Le dice que viene de parte mía, así le da un descuento en todo lo que compre. Si puede, compre bastante Abre Camino que está en *special* esta semana. Es el Abre Camino en polvo, el que viene en *spray* nunca lo ponen en *special*. Bueno, Titina, cualquier complicación que se le presente ya sabe que estoy aquí para servirla. Yo no le voy a cobrar porque yo me debo a mi vocación pero quisiera que me invitara a su show e hiciéramos un programita especial para aliviarle los males al público que esté allí presente y al televidente.

La cadena de San Guiven

San Guiven que tan lleno de caridad y misericordia te mostraste con los pobres de la tierra repartiendo tus propios pavos, compadécete de mis miserias y penalidades. Te encomiendo especialmente a los que deambulan sin dirección por este valle de lágrimas para que los protejas y los libres de todo mal, de penurias económicas y les alcance la salud del cuerpo. Haz que siguiendo tus huellas sigamos tu camino donde quiera que estés.

Esta oración tiene que mandarse nueve días a tres personas distintas cada día. Al cabo de los nueve días recibirás una alegría, mejorarás tu situación económica y la de tus familiares. Esta oración tiene que recorrer el mundo entero. Por ningún motivo malévolo trates de romperla pues la suerte no te favorecerá si lo haces. Ten por seguro que de romperla perderás a un ser querido. ¡No dejes de mandarla a otros pueblos y países!

Manolo González recibió esta cadena y como antes del noveno día su hija se ganó la lotería, pero no la siguió hasta terminarla y murió cuando su auto se deslizó contra un camión de mudanzas que venía en sentido contrario.

Pero tú antes de nueve días recibirás una alegría. Si no crees hazlo para que después de que la desgracia llegue no tengas que arrepentirte y tengas que recordar con tristeza esta humilde cadena. ¡Esta oración es prueba de la caridad humana!

La hégira

«¡Qué manera de demorarse hoy!», dijo Siboney entre dientes mientras leía en la revista que lo único que fuerza a un perrito de la pradera a salir de su madriguera es el agua enjabonada. Le irrita los ojos. Siboney miró el reloj que se veía a través de los polvorientos cristales de la ventanilla que separaban la oficina del resto de la sala de espera y dijo en voz alta: «¡Pero, qué falta de vergüenza!» Se levantó de su asiento dejando de guardián al *Smithsonian* que leía.

Siboney fue a averiguar con la recepcionista. Ninguno de los que esperaban alzó la vista, continuaron sumergidos en sus lecturas.

—¿Quién es su terapista? —preguntó la recepcionista.

—¿Podría hablar más bajo? —replicó Siboney—. Tengo el turno de las diez con la doctora Febles, la doctora Patsy Febles.

—¿Su nombre?

—Siboney.

—¿Cómo se escribe eso? —preguntó la recepcionista mientras se alisaba las cejas con saliva.

«¡Qué torpe!», pensó el alterado paciente.

—*S* de submarino, *i* de hilo...

—¿Hilo? —dijo la recepcionista con tono desafiante.

—Sí, hilo —respondió Siboney.

—Hilo es con *h*, no empieza con *i*.

—La *h* no se pronuncia. Es muda.

—Se lo voy a dejar pasar esta vez, pero para la próxima mejor que piense en otra.

Siboney continuó: —*B* de barriga, *o* de oso, *n* de nariz, e *y* de yema.

—Si-bo-ney —dijo la recepcionista pronunciando cada sílaba y miró el libro de citas—. Aquí aparece que usted tiene la cita de las once y no la de las diez.

—No, señorita. Tengo la de las diez —respondió Siboney con firmeza.

—No, señor. Usted tiene el turno de las once porque canceló el de las diez. ¿Cuántas veces les he repetido a todos ustedes que cuando cancelen borren la hora vieja y escriban la nueva en la tarjetita del turno? Es por eso precisamente que siempre la escribo con lápiz.

La voz de la recepcionista se hacía más y más alta con cada palabra que pronunciaba. Entonces cerró el libro de citas de un tirón y gritó para que todos la oyeran: —¡Están todos quemados!

Siboney regresó a su asiento, ya resignado. Tendría que esperar otros cuarenta y cinco minutos. Abrió la revista y continuó leyendo. Siboney pensó que no estaría del todo mal ser un perrito de la pradera. Cuando concluyó el artículo puso la revista en el revistero y se disponía a alcanzar el *Life* que estaba sobre la mesa del centro cuando vio que el hombre que acababa de entrar y que se había sentado del otro lado de la columna que dividía la sala era Samy.

Siboney reaccionó ante el inesperado visitante escondiendo la cara tras la revista. Un temblor le recorrió el cuerpo al darse cuenta que tendría que pasar delante de Samy cuando le llegara su turno.

Entonces, Siboney volteó la cabeza y vio la puerta de emergencia. Reptó hasta ella y tiró de la palanca que la franqueaba. Se escuchó de inmediato un chirrido ensordecedor y los rociadores descargaron sus hinchadas vejigas. Siboney quedó paralizado a pesar de que las gotas de agua le empapaban la cara y que los desconcertados terapistas gritaban y salían despavoridos de sus madrigueras. La única puerta que permanecía cerrada era la de la doctora Patsy Febles que yacía en el suelo inmovilizada por las rodillas de la paciente.

—Usted tiene que terminar de escucharme —gritaba la paciente mientras oprimía con más fuerza las rodillas contra los hombros de la doctora.

—¡Hay un incendio! ¿No oye la alarma? ¡Nos vamos a quemar vivas si no salimos!

—... cuando perdió el concurso en seguida supe que ella no era mi hija. Mi hija no me hubiera hecho quedar en ridículo, tan linda que la había pintado de bandera. Antes pensaba que era equivocación de la cigüeña, pero me di cuenta que fue mi propia madre la que cambió a mi verdadera hija en el hospital por esa impostora que me hizo quedar mal. Por eso hace años que dejé de hablarle a esa vieja ponzoñosa.

—Mire señora, qué me importa a mí que le hayan cambiado a su hija cuando me acaba de rasgar el vestido de seda china que tan caro me costó —dijo Patsy jadeante, tratando de respirar.

Las contrincantes forcejaron y la paciente perdió el equilibrio, logrando Patsy liberarse y correr hacia la puerta.

—¡No se vaya! ¡No se vaya! —gritó la paciente desesperada.

—¡Que nadie se mueva de aquí hasta que no paguen las cuentas! —ordenó la recepcionista al mismo tiempo que bloqueaba la puerta de salida con el buró.

En la confusión, Siboney logró salir del letargo y escapar al estacionamiento, suspirando aliviado de que nadie lo había descubierto en el consultorio.

Ya se había sentado en el asiento de piel de su Miata negro, y ajustaba el cinturón cuando oyó la voz de Samy muy cerca de él.

—Siboney, Beau...

Con las estrellas

—Primeramente quisiera darte las gracias por invitarme a tu bello programa y quiero decirte que es uno de los pocos programas que veo debido a mi exigente horario de trabajo. Sé que tanto tú como Fifí han trabajado para llevar este programa a la posición que goza hoy día entre los televidentes. No es fácil realizar un programa de esta índole —Titina le dio una palmada en el hombro a su anfitrión.

Para mí es difícil decir lo que voy a decir, pero Titina, la estrella, también tiene el derecho de desahogarse. He tenido la suerte que la vida me sonrió después, pero de joven la pasé muy dura. Si se fijan bien en mi piel verán que tiene unas tenues franjas azules y blancas. Y, ¿ustedes saben por qué tengo estas franjas? Porque mi madre me las hizo con *dye*. Bueno *dye* en inglés, en español se dice añil. Ella quería que ganara un concurso de bandera cubana y se empeñó que un traje de bandera estaba muy visto, pero si fuera natural no tendría rival. El premio era un viaje a las Bahamas con un acompañante. Y ella quería ser la acompañante, porque decía que estaba muy cansada de trabajar en la fábrica y que ésta iba a ser la oportunidad de su vida para pasarse un fin de semana en un crucero sin hacer nada.

Esa noche me metió en la bañera y me tiñó. Cuando salí y me vi en el espejo me dieron temblores. Y ella me dijo: «Eres la bandera más linda del mundo». Después cogió líquido de teñir zapatos de enfermera y me pintó una estrella, una sola estrella. Yo en ese momento quería más de una estrella. Me dijo que me callara que ya tenía la solitaria y como mi abuela Lola me decía que no me metiera los dedos en la boca que iba a coger solitaria, pensé que me estaba convirtiendo en lombriz y comencé a dar gritos. Mamá me dijo que si seguía dando berridos me iba a quedar sola en el mundo. Esa noche lloré mucho. Cuando desperté, no pude levantarme. Estaba encadenada. Mi abuela Lola vino y le dijo: «¡Qué barbaridad, Tita! En todo caso, serían solamente las manos. Suéltale los pies que eso no tiene que ver nada con el concurso».

Esa mañana me montaron en un carroza cubierta de cañas y yo en el centro. Me pasearon por toda la Calle Ocho. Mi madre que pensaba que iba a ganar el concurso, ya me había alquilado para diferentes eventos como fiestas patrias, inauguraciones de negocios, elecciones y reuniones escolares. Pero no gané el concurso, quedé en segundo lugar porque el jurado insistió que la estrella tenía seis puntas y no cinco como se especificaba. Mamá tuvo que devolver el dinero a los que me habían alquilado y jamás me perdonó que perdió su crucero a las Bahamas. Desde ese entonces, me dijo que ella no estaba muy segura si yo era o no era su hija. Ahora sé que no lo dijo por mala sino porque se trastornó en este país. Este país trastorna a la gente. Por eso siempre insisto en mi show que los hispanos tenemos que mantenernos unidos.

Recuerdo que esperé hasta mi fiesta de quince que era lo que más anhelaba en la vida en ese momento. Era imposible vivir con una mujer que le decía a todos los que veía que yo no era su hija. Papá le insistía: «Tita, déjate de locuras». Una semana después mi abuela Lola y yo nos fuimos de la casa. Papá nos dio el dinero para la Greyhound y salimos rumbo a Union City, New Jersey. Fuimos a vivir a casa de un sobrino de abuela. Papá nos advirtió que nos quedáramos allí hasta que mamá se normalizara. Al principio el sobrino fue muy amable porque se creía que abuela tenía dinero. Un día abuela lo pilló abriéndole la correspondencia y se peleó con él. Agustín, que así se llamaba el sobrino de abuela, buscaba interceptarle el cheque del refugio a la pobre vieja.

Como no había dinero para pagar dos pasajes de regreso en la Greyhound, abuela se fue primero. Ella me prometió enviarme el importe tan pronto llegara a Miami, pero yo le dije que no se preocupara que yo regresaba haciendo auto-stop. En aquella época sí se podía hacer auto-stop sin riesgo de que te mataran.

Comencé mi viaje de regreso en la Turnpike de New Jersey con el hijo de un amigo de Agustín que se llamaba Raulito. Raulito quería irse a vivir a Key West. Después de como dos horas a la entrada de la carretera paró un camión. Era un camión diesel color amarillo brillante. El camionero nos convenció que siguiéramos con él hasta Nueva Orleans. Y así lo hicimos.

Recuerdo que saqué la armónica que me había regalado Patsy Febles para mis quince, y que tenía guardada dentro de una pañoleta roja. Mientras tocaba, Raulito y el camionero cantaban los boleros más tristes del mundo. El camionero suspiraba por una novia que había dejado en Matanzas. Para los que me están escuchando y no son cubanos, Matanzas es una ciudad en la costa norte de la isla. Se llama así porque hubo una mantanza muy grande de puercos jíbaros para la Nochebuena de 1693. Como les iba diciendo, Raulito y el camionero cantaban y como llovía a cántaros, el ruido de los limpiaparabrisas nos servía de acompañamiento.

Cuando llegamos a Nueva Orleans no teníamos un centavo y el camionero nos dijo que si le alegrábamos el viaje con boleros nos llevaría hasta California que era el fin de su trayecto. Seguimos en el camión por toda la carretera número diez.

Ya en California, en un pueblo que se llama Salinas, Raulito se enroló en un barco camaronero y más nunca lo volví a ver. Me sentí aterrada, pero amaba la libertad, y total, ya no tenía nada que perder. Empecé ganándome la vida tocando la armónica en los cafés al aire libre. Unos meses después, la dueña de un cafetín me ofreció un trabajo de mesera. Allí trabajé por diez años y no supe más de mi familia. Es duro decirlo, pero es la verdad. Un día que hacía un viento que podía volver loco hasta al más cuerdo, después de trabajar, estaba sentada en una de las mesas tomando un refresco y tocando una canción que se llama «En el tronco de un árbol». Y entonces, tuve la buena suerte que Celia había parado en el cafetín a tomarse un batido de mamey. Me estaba escuchando sin yo saberlo. Si lo hubiera llegado a saber me hubiera dado un patatús. Entonces, Celia se me acercó y me dijo: «Muchachita, tú tienes que venir conmigo». Con Celia comencé trabajando de rumbera, y luego haciéndole arreglos musicales. El resto ya lo saben ustedes. Fui subiendo como la espuma. Y por eso, este país es grande. Cualquier adolescente desorientada puede llegar a ser la próxima Titina.

Hay dos cosas que me pesan. No haber vuelto a ver a Raulito. La otra es que no sé si mi abuela está viva o no. La vida me hizo separarme de ella y ahora me pesa no haberla buscado. No creo que me reconozca si me viera pues he cambiado tanto. Aún me da tanto sentimiento que mire como me corren las lágrimas.

—Aquí tiene para que se seque esas lágrimas.

—Te lo agradezco, Fifi, pero no puedo secarme con esa marca. Tengo un contrato que estipula que sólo puedo usar Kleenex. Pero te agradezco ese gesto tan bonito que has tenido conmigo.

La llamada

(Partri)

Mike se sirvió un plato de cereal Uncle Sam con 40% de fibra y vertió la media taza de leche descremada con 0% de grasa, recomendada por la Fundación del Corazón. Se llevó la primera cucharada a la boca. Hizo varias muecas y leyó la etiqueta del galón de leche.

A pesar de que muchos factores afectan el corazón, un régimen alimenticio bajo en grasas saturadas y colesterol ayuda a disminuir el riesgo de enfermedades cardíacas.

—¡Qué porquería! Esto sabe a cartón —dijo Mike al ingerir la primera cucharada y recordar los chicharrones de Eduardo. Eran chicharrones de aire, dorados en la propia manteca de cerdo. La nostalgia alimenticia le llevó los dedos al teléfono, y marcó el número del hombre que de una sentada consumía cincuenta y siete chicharrones.

—¿Jalou? —dijo una voz esmerándose en la pronunciación de la palabra.

—Mercy, es Mike.

—¿Qué es de tu vida, falso? Tanto tiempo sin saber de ti. El año pasado dijiste que ibas a pasar por aquí por San Guiven y ni se te vio el pelo.

—Es que estuve muy ocupado.

—Sí, claro, pero a otro perro con ese hueso. Pero bueno, Mike, yo te quiero. ¿Y los niños?

—Están bien. El más chiquito en un campamento de béisbol y la mayor tiene novio.

—¡Tiene novio ya! ¡Ay Virgen Santa!

—Oye, ¿está Eduardo?

—Espérate que me está entrando una llamada.

Mike revolvió el cereal mientras esperaba.

—Era Ingried, mi hija. Dice que no le has mandado las fotos que le prometiste, y pregunta que si Samy es pariente de ustedes. Ingried me puso al niño al teléfono. Si ves a mi nieto, ¡está para comérselo!

—Cuando hables con ella dile que sí, que Samy es el nieto de Felipe, el hermano de abuela Angelina, así que es primo segundo mío y de su padre.

—¿Y qué edad tiene ya el más chiquito?

—Tiene quince. ¿Y Eduardo?

—Así que la mayor tiene novio.

—¿Eduardo?

—Está en el baño. Te lo llamo. Eduardo, Eduard. Es tu primo. Espérate un minuto, Mike, que parece que no me oye.

—De aquí no me muevo.

—Espérate que me está entrando otra llamada.

Mike sostiene el teléfono contra el hombro y abre la puerta de la nevera. Saca el recipiente con la crema *half-and-half*. Vierte la mitad sobre el cereal y el resto se lo bebe de un tirón.

—Mike. Mike, ¿estás ahí?

—Sí, Mercy, aquí estoy.

—Era Jorge. El tío de ustedes. Dice que María Sofía está vendiendo helados en una guagua en la isla de Margarita.

—¡No me digas! No sabía nada.

—Imagínate la que deben de estar pasando. No es que nademos en la abundancia, pero no estamos vendiendo helados.

—¿Salió Eduardo?

—Un minutico, déjame ver. Eduardo, Eduard. Es Mike en el teléfono. Un momentico, Mike, que se está entalcando los pies. Tiene un problema de hongos terrible. Es la humedad. Aquí en este Miami hay mucha humedad. Ahora mismo le alcanzo el teléfono. ¡Virgen del Cobre, me está entrando otra llamada! Espérate.

Mike se lleva el plato de Uncle Sam a la boca y bebe toda la leche, ahora recremada, y deja el cereal.

—¿Corazón?

—Sí, tuve un *by-pass*. Pero ya estoy bien. Tenía una arteria ocluida. Ahora estoy a régimen estricto.

—No, mi amor, te dije corazón. Es una expresión mía. Y nosotros aquí sin saber nada, bueno, como ya tú nunca nos llamas. Y mira aquí que nadie llama y hoy se le ha ocurrido llamar hasta al Papa. La que llamó ahora fue Aïda. Dice que te diga que la llames después que cuelgues con Eduardo, que te tiene que preguntar algo. Yo le dije que me lo dijera a mí y que yo te pasaba el recado, pero qué va. Ella es muy desconfiada. Dice que es un asunto importante así que llámala. Me dijo que María Sofía había perdido el puesto de vendedora de helados en la guagua porque la fábrica de helados cerró por la escasez de pulpa de guanábana en esa isla. Pero que ahora vende chicharrones en la misma guagua. Yo le dije que Jorge me había dicho que estaba vendiendo helados pero ella acaba de colgar con María Sofía y tiene noticias más frescas.

—Me alegro —respondió Mike mientras se le hacía la boca agua.

—¿Cómo que te alegras?

—Me alegro que no haya perdido el puesto.

—¡Qué desgracia! ¡La pobre!

—¿Y Eduardo terminó de entalcarse los pies?

—Deja ver. Eduardo, Eduard. En seguidita te lo pongo, ¡Ay Virgen de la Leche si se ha metido en el baño otra vez! Este hombre tiene un metimiento en el baño. ¡Qué pena contigo! Eduardo, que es larga distancia, de Boston. Mike, oíste que dije Virgen de la Leche. Después que me haga ciudadana na' ma' que le voy a rezar a las vírgenes americanas. Esa de la Leche es de por allá arriba donde tú vives. ¿La conoces? *E niu laif e niu beryin.* ¿Me entendiste? Eso fue inglés.

—No, no sé cuál virgen es.

—Oye, ¿y quién es el novio de la mayor?

—Es un americano. Se llama Lewis Blessing.

—¡Un americano! ¡Qué desgracia! Si Ingried se hubiera casado con un americano yo me hubiera tirado a la Bahía de Biscayne pa' que me comieran los tiburones. ¿Oíste? Eduardo acaba de descargar el inodoro. Ya viene, ya viene. Mira ya salió. ¡Ay me está entrando otra llamada! Espérate un minuto.

Mike quedó con el teléfono contra el oído, y pensó lo afortunada que era María Sofía, allá en una isla tropical, vendiendo chicharrones, metiendo la mano en la caja, llevándoselos a la boca.

Gulf Stream

La madre dio un último suspiro. Las procelosas aguas se calmaron y el niño se encontró solo en la noche, en el medio del mar. Miró hacia las estrellas y contó tantas como pudo, pero los números pronto se le acabaron.

Sintió un placentero calor entre las piernas. Acababa de orinar y temió que su madre lo fuera a regañar por haberse manchado los pantalones.

Comenzó a llover y sacó con rapidez la lengua para ver si podía burlar las gotas que caían de las nubes que habían velado las estrellas.

Cuando el viento cambió de dirección y la luna iluminó la noche, el niño trató de agarrarla con una mano.

La goma surcaba velozmente las aguas y el niño vio como sus piernas dejaban una estela de espuma.

Amanecía. Sintió hambre y del cielo bajó una paloma blanca con las alas doradas y en el pico un *hotdog*.

—¿Qué es eso? —preguntó.

—Cómelo, es un *hotdog* —respondió el ave.

Lo tomó y lo comió con gusto. Entonces vio que doce sirenos con cascos, disfrazados de delfines, impulsaban su navío hacia la costa.

Cuando la goma tocó la arena, lo sacaron de su moisés de caucho. Pero pronto habrían de disputárselo.

—Pártanlo a la mitad —dijo el juez.

Todos asintieron.

Pero era demasiado tarde. El Niño de las Aguas había obrado su milagro. En el momento que la goma cruzó el *gulf stream*, éste cambió de curso y un inmenso témpano de hielo, del tamaño de un continente, se desprendió del Ártico. Tiempo después, la isla y la península quedaron sumergidas. El recuerdo de esas tierras sólo perduró en antiguos mapas y en los cuentos de hadas que narraban que había una vez un niño que vino del mar y...

Lola canta los blues

Lola descansaba más aliviada sobre la almohada de aire que la ayudaba a reducir la presión en la cabeza. La caída le había producido dos heridas: una que comenzaba sobre la ceja izquierda y continuaba como un meandro hasta la coronilla y la otra que le había aplastado su perfilada nariz. Lola se había negado a usar el camisón del hospital al ver que las mangas eran demasiado reveladoras.

La anciana del cabello azulado se quejaba de que ahora nadie la venía a ver a pesar que había trabajado de recepcionista para la estación de televisión por más de veinte años. Lola jugaba con la verdad. Sí venían a verla, pero prefería ignorar el hecho. Su ardid funcionaba y así no pasaba un sólo día en soledad.

Reconocía a sus visitantes no por la vista sino por el olfato. Los perfumes y las lociones de afeitar eran sus lazarillos, al menos hasta que hablaban.

Esperaba con impaciencia la visita del doctor con los resultados de los numerosos exámenes a los que la habían sometido. Escuchó el ruido de la puerta e inmediatamente reconoció al visitante. Era la nueva recepcionista, la que ahora ocupaba su antiguo puesto. Olía a vetiver.

—Lola, soy yo. Jennifer.

—La primera persona que me visita en una semana. Nadie recuerda a los viejos. Nos desechan como pañales sucios.

—Se ve mucho mejor —afirmó la nueva recepcionista mientras escudriñaba la habitación en búsqueda del mejor sitio donde colocar los claveles que había traído y luego añadió—: Recuerde que estuve aquí el miércoles. Le traje la tarjeta firmada por todos los del canal.

—¿Pasaste por aquí? Pues primera noticia. Seguro que viniste a visitar a otra persona y te equivocaste —dijo la enferma—. Hace días que no veo un alma por aquí —Lola suspiró.

—Seguro que las pastillas para el dolor la adormecen y no se da cuenta cuando vienen a visitarla. Siboney pasó por aquí ayer.

—¿Siboney? —Lola trató de arquear la ceja pero le dolió y desistió.

—Siboney, el secretario de Titina. Le dicen Beau también.

—Esa Titina no miraba a nadie. Me pasaba por el lado y como si no existiera. ¡Engreída! Y ese Siboney no sirve para nada. Debería habérsele enfrentado a esa novia que tiene como todo un hombre. Unos meses antes de jubilarme, por error, oprimí el botón equivocado y sin querer les escuché hablando por teléfono. Él le suplicaba que volviera. ¡Después de todo lo que esa mujer le hizo y todavía rogándole! El día que menos se lo piense lo va a dejar. Panchito, mi marido, que Dios lo tenga en la gloria, no lo hubiera permitido. Ése sí era un hombre. Panchito me llevó a las puertas del paraíso la noche de nuestra boda. Siboney es un flojo.

—Ésa sí es la pura verdad —dijo Jennifer moviendo la cabeza afirmativamente—. Siempre tan puntilloso.

Lola iba a decir algo más cuando se apareció el médico con su hoja clínica.

—Lola —le dijo el doctor.

—No hay nadie aquí con ese nombre. Si usted quiere hablar con la señora Dolores Martorell viuda de Francisco Barrancabermeja, entonces ésa soy yo —trató de enfocar sus opacos ojos y añadió—: Y, ¿quién es usted?

—Soy el doctor Robau. Tengo buenas noticias. Todos los exámenes salieron negativos y el corazón lo tiene como el de una niña de quince —el doctor sonrió—. Si todo marcha bien le daremos de alta en dos días.

—¿Y eso es lo que me vino a decir? —dijo Lola mostrando incomodidad—. Esas no son buenas noticias. Cuando Dios nos deja vivir tanto tiempo no es ningún regalo, es un castigo —gritó la anciana.

El doctor Robau escribió las últimas indicaciones en la hoja clínica y salió en silencio.

—Ése no parece médico con la gorrita de los Dolphins y ese olor a tabaco viejo —recalcó la beligerante anciana mientras olía nuevos visitantes al otro lado de la puerta.

Los nuevos visitantes no acababan de entrar. Discutían entre sí.

—No quiero quedarme mucho tiempo. Tengo que posar para un cuadro de Falero dentro de una hora. Además no sabía que fueras tan amigo de esta vieja.

—No lo soy. Le caigo mal. Se dedicaba a sabotear todas las llamadas que me entraban al canal. Perdimos la exclusiva de dos artistas de primera calidad para el Show de Titina por su culpa. Pero bueno, aquí estoy.

—¿Y desde cuándo eres tan moralista? —preguntó Betsy, la novia de Siboney.

—Baja la voz que nos va a oír, y abre la puerta —replicó Siboney.

Cuando Siboney y Betsy cruzaron el umbral, Lola tenía los ojos cerrados y Jennifer buscaba un sitio aún más prominente para sus flores.

—¡Siboney! Gusto en verte. Lola tiene un poco de sueño —la última frase de Jennifer fue casi un susurro.

¿Conoces a mi prometida, Betsy Ross? —preguntó el secretario de Titina.

—Sí. Tuve el gusto en la última fiesta de Navidad del canal.

—Ah, sí —asintió Betsy con indiferencia.

—Bueno hace horas que estoy aquí y Yaguajay está hambriento en casa —Jennifer cogió el bolso.

—No sabía que eras casada —dijo Betsy con una sonrisa en los labios.

Jennifer no respondió.

—Hasta pronto, espero, Jennifer —dijo Lola sin abrir los ojos.

—Pensaba que se había dormido. Vendré mañana a la hora del *lunch* —dijo Jennifer al despedirse.

—Si ves a una mujer vestida de blanco a la salida, díselo al guardia. Es la razón por la que estoy aquí —afirmó la adolorida anciana.

Hubo silencio en la habitación. Siboney no sabía qué decir. Betsy lo pellizcó para que dijera algo y no se alargara la visita.

—Lola, es Siboney. ¿Cómo se siente hoy? —Siboney pronunció cada palabra como si Lola no lo fuera a entender.

—Mucho mejor ya que se fue esa ballena que estaba varada aquí. Tiene más de cuarenta años y se viste como si fuera una niña de quince. Y ¿a que ustedes no saben

quién es el famoso Yaguajay? Pues yo se los voy a decir.
El señor Yaguajay es un perro. Fue una malísima inver-
sión reemplazarme con esa mujer. Yo se lo dije al productor, pero ése siempre me ha ignorado. Pero dime
Siboney, ¿quién es esta preciosidad?

—Es mi prometida —dijo Siboney sonriendo.

—¿Pensaba que te habías peleado con la novia?
—inquirió la convalesciente.

—Fue sólo una ligera tormenta —replicó Betsy.

—¡La vida está llena de tormentas! —Lola trató de
mover la cabeza hacia un lado—. Me imagino que
pronto se casarán y el jardín florecerá con nuevos
retoños. Recuerdo que el mío floreció la noche en que
me convertí en la señora de Panchito, Mrs. Panchito
Barrancabermeja. Exactamente nueve meses después
vino al mundo mi Tita. Pero tanto que la mimé y pagó
echándome de la casa, y ahora ni me viene a visitar
porque dice que el marido no la deja. Uno nunca sabe
para quién cría a los hijos, ¿no crees?

—Disculpe —dijo Betsy que se había entretenido
mirando un número viejo de *Cosmopolitan* y había perdido el hilo de la conversación.

Siboney trató de encubrir la conducta de su novia.

—Es que Betsy no se siente bien. Ha tomado unas
pastillas de Benadril que la adormecen.

No estoy lista para sentarme en un sillón a recordar —Lola cambió el rumbo de la conversación.

Betsy, creyendo que le habían hablado y sin haber prestado atención a las últimas palabras de Lola dijo: —Es que tengo un orzuelo en el ojo izquierdo.

Siboney la miró desconcertado, pero se tranquilizó al ver que Lola mostraba interés en el orzuelo.

—Un orzuelo. Eso se quita fácil. Ve al patio y busca una babosa. Sácala del caracol y pásatela por el ojo y luego ven a decirme qué pasó —Lola sonrió por primera vez.

—Es que vivo en un quinto piso —dijo Betsy.

—No se preocupe, Lola, que yo me ocuparé de encontrar la babosa —Siboney le abrió los ojos a Betsy para que no continuara metiendo la pata.

—¿Se ha sabido algo de Nelia López? —indagó la anciana.

—Aún nada —respondió Siboney.

—Recuerdo que pasó por mi casa el día que desapareció. Nelia siempre tan cumplidora conmigo a pesar de que vivía lejísimo. La pobre debió haber salido muy desorientada de la visita. Yo había dejado sobre la mesa las pastillas para la presión y el Comedin, y estoy segura que por equivocación se las tomó.

—No se aflija que ya la encontrarán —Siboney trató

de confortar a Doña Lola.

—La única amiga que me queda, Rosalia García, vino a visitarme el martes. La trajo la sobrina, María. La pobre Rosalía ya no puede conducir ni valerse. La conocí en el barco, en el Marqués de Comillas, cuando íbamos rumbo a Cuba en el 1937. Es asturiana, y recuerdo que se pasó todo el viaje bebiendo sidra y sonsacando al capitán para que la ayudara a poner un negocio de avellanas, castañas y tortos de escanda en La Habana. Yo le advertí que si no se ponía a vender mangos y guayabas le iría mal.

—Da alegría siempre que las viejas amistades vengan a visitar, así conversan de los tiempos de su juventud. Mi tía decía que recordar es volver a vivir —Siboney se sintió satisfecho con sus palabras de estímulo.

—¡Volver a vivir cerca de Rosalía! ¡Qué va! Mujer de pocos escrúpulos. Y esa sobrina que tiene no es ninguna sobrina. Siempre le ha dicho a la gente que es la hija de su hermana que murió de parto en Santa Olaya. Ella se las ha dado siempre de mucha alcurnia pero allá en Asturias sacaba piedras de los ríos.

—Pobre, niña huérfana —dijo Siboney.

—Rosalía García no tenía ninguna hermana. María es su hija. Ella tuvo un desliz con Paco Fernández, el que era dueño de la bodega La Flor de Tineo en el barrio La Víbora y que ahora aquí tiene un Service Merchandise en Douglas Road. Me atolondra cada vez que viene. Ha perdido la memoria y habla en números.

—¿En números? —preguntó Betsy que finalmente se conectaba con la conversación.

—Sí, en números. Estoy segura que es castigo del cielo.

—A veces en la juventud cometemos errores —apuntó Siboney.

—Eso no fue ningún error —dijo fijando la vista en Betsy como si le supiera algún secreto.

Lola iba a continuar su parlamento sobre su amiga cuando la puerta se abrió y apareció la enfermera informando que el horario de visitas había concluido.

—Nos tenemos que ir Lola. Vendremos en otra ocasión.

Lola no contestó.

—Parece que se durmió —dijo Siboney.

—Sí, parece que sí —respondió Betsy mientras metía el viejo número de *Cosmopolitan* en su bolso.

La partida

Pepe Gabilondo cerró la puerta y colocó el letrero. En él se veía una diminuta figura que portaba un inmenso candado y una llave antigua que descansaban sobre la palabra CERRADO. Pepe comenzó a tararear una vieja melodía, enchumbó el trapo con Mistolín y se dispuso a limpiar el mostrador y los estantes. Luego de concluir la higienización, baldeó el piso y equilibró la pesa para que continuara marcando dos onzas de más sin que nadie se diera cuenta. Roció las carnes, pescados y aves con una solución de lejía y agua de rosas, tomó una toalla de papel y frotó los alimentos hasta restaurarles una falsa frescura y los metió en el frigorífico para volverlos a ofrecer al público al día siguiente.

Era martes y en dos horas comenzarían a llegar los jugadores. Los martes por la noche Pepe no abría su Grocery-Bar. Era la noche de Pepe. Se sentó a descansar un poco y observó con satisfacción los afiches que empapelaban las paredes y narraban su vida: Pepe con un pie sobre la isla y otro sobre la península y en letras doradas un rótulo que leía: *Cuba y la Florida son de un alcatraz las dos alas. Reciben amor y balas en un solo buche—Pepe;* Pepe abrazado de Santa Claus ante una tribuna dirigiéndose a una sesión plenaria del congreso en Washington; Pepe con Titina y Glorita en el desfile de los Reyes Magos; Pepe pulseando con uno de los jugadores de los Miami Dolphins; Pepe postrado ante la imagen de una virgen.

El tendero dio un suspiro al mirar su mundo y se incorporó. Abrió una larga mesa plegable y sacó las fichas de su caja. Cerró las cortinas. Cuando sintió el toque secreto por la puerta de la trastienda todo estaba listo. Fueron entrando uno a uno como gotas de espesa melaza, entre ellos uno con la apariencia de un espectro, con el semblante de un muerto viviente: Many de G..., Joaquín de R..., Ramiro de G..., Jorge de F..., Ignacio de V..., Gastón de R..., Edgar de F..., Mike de P....

Los jugadores se sentaron a la mesa y se repartieron las fichas. Pepe se quitó el delantal manchado de sangre de lenguado viejo y se sentó en su taburete de la buena suerte, hecho de piel de chivo.

—¿Qué jugamos, clásico, longana o pitintín? —preguntó Many.

—Clásico de pareja —respondió Ignacio.

—Emparéjense ustedes como quieran —dijo Joaquín—. Pero a mí que me den a Gastón que hace trampa y es mejor tenerlo de mi lado.

—No seas mentiroso, Joaquín. Confundes la maestría con la trampa —contestó Gastón de R... defendiendo su honor.

—Aquí no hace falta discutir, lo que hace falta es jugar —agregó Pepe mientras repartía café.

—El que tenga la ficha más alta que salga primero.

—Doble seis —gritó Edgar mientras tomaba el café de un solo golpe.

—Pepe, ¿no hay nada que picar? —preguntó Mike—. Unas lasquitas de jamón, unas aceitunas rellenas, unas croquetas...

Pepe se levantó de mala gana y trajo una bandeja con ocho croquetas y ocho lascas de mortadella.

—¡El milagro de Pepe! —dijo Ramiro—. La multiplicación de las croquetas.

—Esto no es para hartarse —se defendió el tendero.

—¿Y qué tal sigue Tita? —preguntó Many a Ramiro.

—Ahí va. Está bajo el cuidado de la doctora Febles, la esposa de Jorge, que es lo mejor que hay en esta ciudad para problemas de nervios. Es que la desaparición de la niña fue un golpe duro para todos, y especialmente para ella.

—No paralicen el juego —apuntó Ignacio.

—Yo paso —dijo Mike.

—Yo paso también —añadió Edgar.

—Estos jovencitos no saben jugar con campeones —dijo Pepe mientras ponía una blanca en la mesa.

—¿Y cuál es la última del Niño de las Aguas? —preguntó Gastón.

—¡Lo secuestraron anoche! —afirmó Many.

—Serían las abuelitas.

—Te equivocas. Fue quien ustedes menos se piensan —dijo Many con la sonrisa del que sabe.

—¡Acaba de desembuchar, Many! —le instó Pepe.

—¡Los israelitas!

—¿Los israelitas de Israel? —preguntó Edgar.

—¿Y de dónde van a ser, Edgar?

—Lo sé de buena tinta —agregó Many—. Venía caminando ayer del colegio y un policía secreto de Israel le ofreció ajonjolí con miel y cuando lo aceptó en seguida supo quién era. Entonces se lo llevó y lo metió en la valija diplomática. En este instante debe de estar aterrizando en Jerusalén.

—¿Y qué tiene que ver eso del ajonjolí? —preguntó Mike.

—Está en la biblia —respondió Gastón.

—¿Estás tomándonos el pelo o la cosa va en serio? —preguntó Joaquín.

—¡Que es la pura verdad! Lo han declarado el Mesías, el segundo Moisés.

—Pues cuando se enteren que no habla hebreo y que en realidad lo escoltaban doce jugadores de fútbol y no doce delfines sabrán que es el Niñito Jesús y lo van a devolver.

—Pues no es ningún Niñito sino el segundo San Juan Bautista porque se le apareció anoche a Tita en un sueño y se lo dijo. Dice Tita que le dijo que era la voz que clamaba en el desierto —se apresuró Ramiro en decir.

—Ése será algún otro aparecido porque él estaba en el agua y no en ningún desierto. Además yo sigo creyendo en San Guiven.

—Puedes creer en los dos —afirmó Pepe, y mirando la ficha que tenía en la mano la puso en la mesa, y gritó con gusto—: ¡Capicúa!

—Me da pena que se lo lleven tan lejos y que no pueda comerse unas masitas de puerco fritas, pero qué gusto que el Mesías sea cubano —dijo Joaquín mientras cogía tres fichas más.

—Oye, ¿eso no será un truco de las dos viejas?

—¡Que no! Ya se acordarán de mí cuando lo lean mañana en los periódicos.

—¿Quién se tiró un peo? El que se tire el próximo queda fuera del juego —dijo Pepe—. Miren que los productos cogen peste y mañana la gente no los quiere comprar.

—Por favor no cierren el juego. Presten atención —amonestó Jorge de F...

—Many, ¿qué tal te fue en esa excursión que hiciste a South Miami? —indagó Ramiro.

—Salí muy mal de esa visita. Esa gente pasa una miseria espantosa. No tienen nada, ni siquiera electricidad. Se alimentan de cocos y de la pesca, hasta recogen las latas del mar con unos imanes. Me dio tanta pena con la familia que visitamos que le dejé al hombre mi guayabera de hilo y Barbarita a la mujer lo que llevaba puesto, hasta sin zapatos salimos de allí.

—Pues ellos se la buscaron —intervino Gastón—. Recuerda que fueron ellos mismos los que se replegaron hacia el sur para no mezclarse con nosotros y después construyeron esa muralla.

—Es verdad, pero hay una carencia que parte el alma.

—Many, estás mirando demasiados culebrones. Te ha dado por el sentimentalismo —apuntó Joaquín—. El día que vinieron a abuchear el concierto de Glorita y Celia eso ya fue demasiado y no nos quedó otro remedio que declararles un embargo.

—Hay un seis por esta punta y un cuatro por la otra —dijo Pepe para que los jugadores se fijaran más en las movidas.

—¿Y qué sabes de tu nieto, Ignacio? —preguntó Gastón.

—Sigue en las mismas. Un delincuente. De ése no se sacará nada. Hace tiempo que no lo veo. Pero el que está muy grave es Enrique —esta vez tratando Ignacio de llevar la conversación en otra dirección.

—¿Enrique el marido de Purita?

—Sí. Es algo incurable.

—¡No sabía nada!

—Que ganas de comer arroz con huevos fritos como lo hacía mi abuela Lilía —dijo Edgar al consumir el último tercio de la croqueta.

—Los huevos de aquí se rompen al freírlos. No son como los de allá —dijo Jorge mientras miraba sus fichas.

—Los huevos son huevos —contestó Edgar con indiferencia.

—Mire, joven, usted está equivocadísimo —afirmó con autoridad Jorge de F...—. Los de allá sí eran huevos, de cáscara dura y yema roja como el hierro al fundido. Ésos sí eran huevos, del tamaño de una pelota de fútbol americano. Los huevos de allá eran tan grandes que había que hacerle la cesárea a las gallinas. ¡Ésos sí eran huevos! Con uno bastaba para hacer un tortilla para quince personas. Claro que los americanos nos tenían envidia y por eso trataron de envenenar a todas las gallinas del país. Y de la tierra, ¡qué decirte de la tierra! Esa sí era tierra fecunda. Echabas una semilla hoy y al otro día tenías la mata entera con hojas, tallo y frutos. No había necesidad de abonos. Bueno para no cansarte, Colón, que antes de ser marino fue uno de los mejores agricultores que tuvo Génova, lo dijo.

—Pepe, aquí hay hambre, aunque sea un par de galletitas de soda —pidió Joaquín.

—Mike, abre esa lata de galletas y dale un par a Joaquín para que no fastidie más.

Mike se levantó e hizo lo que le pidió el bodeguero.

—Gracias, Mike —dijo Joaquín al hacer contacto los dientes con la galleta.

—Me dicen que te mudas, Mike —dijo Gastón.

—Sí, nos mudamos para Boston, Jimena, los niños y yo. La compañía me traslada y no queda otro remedio.

—Pero de allí son los Kennedy. No deberías irte para allá, y menos con los niños y la señora. Esa gente nos traicionaron en el Orange Bowl. Lo recuerdo como si fuera hoy. Capaz que te traten de secuestrar a los niños.

—Aquí con el tiempo no quedará nadie para llevar a cabo lo que dice el himno patrio: «Morir por la patria es vivir» —intervino Many con voz temblorosa.

—¿Sabe cuál es mi himno, Míster González? —dijo Edgar mientras ponía su ficha en la serpiente del dominó. Mi himno es tener cuatro *chicks*, manejar un

Porsche, *live* la vida loca... eso es vivir.

—Estamos perdidos —suspiró Many—. Como decía mi abuelo: «Hemos arado en el mal».

—Sería en el mar —intervinó Jorge de F...

—No señor, abuelo confundía la *l* con la *r* —afirmó Many con autoridad.

—¿Era puertorriqueño?

—No, era de Centro Habana.

—Han trancado el juego —gritó Pepe exasperado—. En el dominó hay que concentrarse. Esto es una ciencia y no se puede estar cotorreando y jugando a la misma vez.

Cerumen

Las diminutas partículas de polvo del Sahara filtraban la luz del sol camuflando el cielo de un anaranjado amarillento. La ventana panorámica miraba hacia el oeste y el resplandor era tan intenso que cegaba. Siboney se puso las gafas, pero de nada le sirvieron. Se las echó hacia atrás y descansaron sobre su ensortijada cabellera. Formó un cilindro con las manos, moldeando unos carnosos binoculares. Pegó los anteojos contra el vidrio pero sólo atinó a ver unas pequeñas luces que se precipitaban en todas direcciones sobre su campo visual. Por un instante, le pasó por la mente que se estaba quedando ciego. Respiró profundamente como le había enseñado la doctora Febles y los destellos desaparecieron.

Su nuevo amigo llegaba en el vuelo de las 2:30, procedente de Atlanta. Siboney se sorprendió ante tanto gentío en el aeropuerto. Quizas aguardaban la llegada de algún dignatario. Se sentía nervioso. Lo conocería por primera vez. Escuchó el ruido ensordecedor de un aterrizaje y el corazón le palpitó anticipando el encuentro. El vuelo 424 procedente de Seattle acababa de aterrizar. Desalentado, se dirigió al mostrador y preguntó. El vuelo de Atlanta tendría hora y media de retraso. Una densa niebla cubría la ciudad que Sherman había incendiado.

La espera se prolongaba y no tuvo otra opción que llamar al trabajo.

Escuchó una desganada voz esmerándose por endulzarse: —Hello, éste es su canal que marcha al ritmo del tiempo, el hogar del Show de Titina.

—Jennifer, es Siboney. No regreso hasta las siete y media —hablaba con rapidez.

—Sabes que Titina se enfurece si no están todos aquí para la reunión de las cinco —recalcó la recepcionista.

—Estoy en la consulta del doctor Robau. Se demoran más de la cuenta —respondió, pero su titubeante voz delataba la mentira.

—¡No me digas! —dijo Jennifer.

—Así que regresaré más tarde —detestaba su sarcasmo.

—Hay que ser puntual —Jennifer no soportaba que no le hiciera caso a pesar de que habían tenido una prolongada conversación telefónica hacía tres meses.

Siboney anduvo por la terminal y se detuvo ante un enorme acuario: una anguila, un tamboril, tres erizos, una caballito y cuatro luminosos pececitos azules se refugiaban bajo el arrecife de coral artificial. La escena lo transportó a una lejana fiesta de quince. Se disponía a echar pedacitos de galletitas de soda cuando el guardia le gritó del otro lado del corredor.

—Oiga, está prohibido alimentar a los peces.

Siboney se había convertido en el blanco de las miradas de los pasajeros.

—Tienen una dieta especial. Si los alimenta altera el ecosistema del acuario y los va a matar —le amonestó un niño con una camiseta, que leía: «Salve a los Manaties».

Se apresuró en abandonar el lugar donde pudiera haber ocurrido el pecicidio y se dirigió al bar que imitaba un viejo carro Pullman. Se sentó en la barra y pidió una Amstel Light y un *cheeseburger*. Siboney reflexionó sobre su vida.

El año se desplazaba con lentitud desde que Betsy lo había abandonado. Ocurrió la noche que regresaban del hospital cuando habían ido a visitar a Doña Lola. Betsy insistió en que le mordisqueara una oreja. Siboney tenía aversión a la cerilla y temió que le pidiera algo más.

«¿Por qué tengo que sentirme culpable si ella era la de la obsesión?», se preguntó Siboney mientras agitaba la botella de ketchup y le quitaba el queso al *cheeseburger*. Le gustaba el sabor pero no la textura.

Siboney le había formulado la misma pregunta a la doctora Febles. La mecánica de la mente le sugirió que necesitaba una distracción, algo que le diera sosiego, que le hiciera olvidar a Betsy. Buscó pero no halló ninguna causa que le interesara.

Siboney suspiró y los incisivos hirieron la carne.

Rememoró aquella tarde del viernes, que habiéndose sentado en el portal lamentando su suerte, recordó la conversación que Jennifer había tenido con la mujer de UPS esa mañana. Fue en ese preciso momento que contempló por primera vez la idea de cuidar a un desvalido. Betsy ya no lo podría acusar de egoísmo.

Esa misma noche llamó a Jennifer con la excusa de que había perdido la ficha biográfica de los panelistas del próximo show. Jennifer dijo que le haría copias y las pondría en su escritorio. Cuando presintió que Jennifer iba a concluir la conversación le hizo la pregunta. Una avalancha de palabras salieron de la boca de Jennifer, tupiendo los oídos de Siboney. Al final logró escuchar sus últimas palabras: «Gracias a ese paso que di en mi vida me siento más tranquila».

Cuando terminó la conversación, pensó que quizás éste sería el sosiego hacia donde apuntaba la terapista y Jennifer se sintió feliz que él y ella tuvieran algo que compartir, y quizás un futuro. Jennifer se imaginó paseando en una fresca tarde de otoño por Miracle Mile con Siboney a su lado, compartiendo opiniones, comprando champús y jabones especiales, ambos juntos, comprando en el pasillo número nueve del supermercado.

Siboney escuchó las bocinas que retumbaban y anunciaban un vuelo. Se atragantó con la cerveza al beberla de golpe. Anunciaban un vuelo que despegaba. Siboney, agobiado por la espera, se levantó y caminó hasta la puerta B-2. Apenas hubo cruzado al otro lado de las barreras detectoras un hombre en una silla de ruedas le preguntó: «¿Sabe que Sinatra murió?» Y le mostró uno de los periódicos que vendía. Quiso ignorarlo pero los pasajeros que transitaban le proporcionaron la misma mirada de desdén que recibió al tratar de alimentar los peces. Sacó un billete de dólar y queriendo mostrar su generosidad le dijo se quedara con el vuelto. Entonces se aproximó a la ventana panorámica.

—¿Ha llegado el avión de Atlanta? —preguntó una voz detrás de él.

—Está al llegar —respondió sin voltearse.

—¿Espera a alguien en especial? —preguntó la voz.

—Sí —dijo sin mostrar interés en la conversación.

—Yo también. A mi madre —dijo la voz emocionada y añadió de inmediato—: Hace treinta y tres años que no la veo —suspiró.

—Ah —respondió Siboney fijando la vista en el horizonte.

—Es mi madre biológica. Después de años de búsqueda la he encontrado en Havana.

—No le habrían dado el visado de salida —dijo Siboney fingiendo interés.

—No, no —se apuró en corregir—. Havana, Florida, pero ¿qué le trae aquí?

—Un viajero de cuatro años.

—La espera me pone nerviosa —la voz sonaba consternada—. No sé qué decirle. ¿Cree que le debo dar un beso? —preguntó.

—Según cómo se sienta en ese momento. Pero déjeme darle un consejo. No la bese cerca de la ore... —los motores del jet ahogaron su última palabra y se escuchó el anuncio de la llegada del vuelo.

—Estoy muy nerviosa —dijo la voz—. ¿Me da la mano? —preguntó ansiosa.

Cuando la mujer trató de agarrarle la mano, Siboney ya había corrido a darle la bienvenida al cansado viajero. Lo traía en los brazos una sonriente aeromoza que lo puso en el piso en el momento del encuentro. Siboney fijo la vista en sus patas desgarbadas, las manchas rojizas en el lomo y la carencia de una oreja. Cojeaba ligeramente. Cuando Siboney se aproximó al recién llegado, éste temblaba y no tardó en soltar un chorro amarillento que absorbió la alfombra.

Circular navideña

Jimena le dio los últimos toques a la tradicional carta de Navidad. La volvió a leer y satisfecha imprimió 53 copias con su nueva impresora. Metió las copias de la carta en los festivos sobres con ribetes de Santa Claus y venados, y les pasó la lengua para sellarlos. Saboreó la frambuesa de la goma. Las cartas estaban dirigidas a amigos y conocidos.

Queridos Amigos/Friends,

Sólo unas líneas para que sepan que Mike, Jimena, Kyle y Erin continuamos aquí en Boston. Erin está en segundo año en la Universidad de Iowa y es la capitana de las cheerleaders, pero se transfiere a Brandeis para el próximo año. Le encanta Iowa pero quiere vivir más cerca de Boston. ¡Qué alegría que vuelva a casa a cenar de cuando en cuando! Espero que no traiga la ropa sucia, je je je. Erin se está aplicando mucho en sus clases de español y ha compuesto nuestra tarjeta de navidad que aquí les incluyo. Son los «Twelve days of Christmas» en castellano.

Kyle está en tercer año de high school y toca el clarinete en la banda de la escuela. Mike quería que tocara los bongos pero Kyle le dijo que eran demasiado escandalosos. Durante las vacaciones asistirá a dos campamentos de tenis para aumentar las probabilidades de que lo seleccionen para el equipo de la escuela. Kyle ha crecido cinco pulgadas este año y continúa creciendo. Es el miembro más alto de nuestra familia.

Mike sigue ascendiendo en el trabajo y lo han nombrado General Manager de la compañía y con tanto trabajo llega a casa exhausto pero siempre encuentra el tiempo para ir a ver a su hijo a las prácticas. Ahora viaja mucho por el Caribe y ha tenido que poner un apartamento en Aruba. Aruba es una isla. Al principio de llegar aquí extrañaba sus juegos de dominó, en la tienda de ese señor que ahora no me acuerdo cómo se llama, pero aprendió a jugar penuchle *y ahora no cambia el* penuchle *por el dominó. Él tuvo un problemita de E.D. este año, pero gracias a Dios y a la clínica que recomienda Bobby Doll ya está mucho mejor.*

Yo sigo enseñando en Watertown High School, pero he cambiado de enseñar cívica a ser consejera estudiantil. Aunque extraño la enseñanza me alegro de no tener que llevar tareas para corregir en casa los fines de semana. Estoy invirtiendo parte de mi sueldo en un mutual fund *para que cuando me jubile lo haga sin problemas económicos. Soy la nueva presidenta de la Asociación de Padres y Maestros, un cargo de gran responsabilidad. Me eligieron por abrumadora mayoría. ¡Nunca antes ninguna candidata había sacado tantos votos como yo!*

Más noticias: Ayer fue el aniversario de la muerte de papá. Recordarán que murió en un accidente automovilístico al precipitarse un camión contra su carro. Papá murió al instante y no sufrió. Pero sí le pusieron una multa después de muerto que mamá tuvo que pagar porque como a papá le había dado por recoger latas de refresco y tirarlas a la bahía con el impacto todas las bolsas que llevaba se regaron por toda la calle. Mamá aún me saca en cara que no fui al velorio.

No pudimos venir porque Mike acababa de comenzar en el trabajo y Erin tenía una competencia de cheerleaders en Kalamazoo y ya habíamos sacado los tickets del avión y no eran retornables. Mamá está muy achacosa y en el verano iremos a Miami para buscarle un geriátrico (esa palabra la aprendí ayer con Rafael, un uruguayo que vive en la esquina). Yo antes le decía un nursing home. *Mamá no viene por aquí por el frío. Por cierto que hablando de frío, la vecina nuestra, Maggie, murió ahogada el sábado pasado cuando patinaba sobre el lago y el hielo cedió. Otra víctima del* Global Warming. *¡Qué desgracia! Era amiga de Erin.*

Cuando lean esta carta verán que la familia está ocupada y disfrutando de la vida. Este año que viene llegaré a realizar mi sueño de ir a Las Vegas y visitar todos los casinos. ¡Me encantan las maquinitas! La cena de Navidad de esta temporada será a la pot luck, *cada uno traerá un plato, así se simplifica lo del cocinar. Ojalá que Sheryl traiga las alitas de pollo a la Chernobyl.*

Esperamos que ésta encuentre a todos en buena salud y llenos del espíritu navideño. Feliz Año Nuevo y los queremos a todos.

> *La Familia Pardo*
> *Mike, Jean, Kyle y Erin*

P.D. Aquí todos me conocen por Jean.

Hologramas

Jimena miró el papel con la dirección y retrocedió al darse cuenta que se había pasado del lugar marcado con un círculo en el arrugado plano. Había tomado el bus temiendo que el carro que había alquilado en el aeropuerto terminara rodando por una calle de Cartagena, o que tomara la salida equivocada de la autopista y fuera la víctima de un ladrillazo en el parabrisas. Jimena era muy precavida.

Reconoció los olores de su juventud: el aire salado con aroma a naranja agria, el olor a sofrito y manteca, a café recién colado. Respiró lo menos profundo posible, temiendo que el aire la hiciera engordar. Jimena no le había avisado a su madre que venía. Éste era un viaje de negocios y no de placer. Además, la atormentaba con sus constantes preguntas indiscretas, y había comprado el pasaje de regreso a Boston para esa misma tarde.

Se detuvo en la frutería y pidió un batido de guanábana. Bebió dos sorbos y tiró el resto. Se le había olvidado el sabor de la fruta, hubiera jurado que tenía un gusto más parecido a la pera. Continuó caminando y se sorprendió al ver tantos papeles sucios tirados por la acera que al caminar crujían bajo sus pasos como hojas de otoño. Leyó el número en la puerta y lo verificó con el del papel. Tocó. Abrió la puerta una mujer de figura de reloj de arena, de cejas espesas, grandes ojos color miel, y un lunar movible que esta vez se había posado en su mejilla izquierda. Tenía las uñas más largas que la mitad de una falange y cada una pintada en un diseño geométrico diferente. A los pies del escritorio dormía un perro viejo que soñaba con huesos de jabalí.

Al entrar, Jimena tropezó con el escritorio y el perro gruñó.

—Tranquilo, Yaguajay. Sigue durmiendo, baby —dijo la mujer de las uñas largas.

—Buenas, tengo la cita de las diez. Mi nombre es Jimena Pardo, pero llámeme Jean.

—Jennifer, Jennifer López, la nueva gerente general de Quiba Na' Khan, para servirla. ¿Se le ofrece algún refresco o una tacita de café?

Jean la detalló. Pensó que sus piernas eran demasiado gruesas para aquella minifalda que le daba aspecto de empanada sobrerrellena.

—No, gracias. Me acabo de tomar un batido de guanábana.

—¡Qué sabrosa la guanábana! Es mi fruta favorita —Jennifer se pasó la lengua por los labios.

Jean no respondió y su anfitriona cambió de conversación.

—¿Qué edad tiene su mamá? —preguntó.

—Setenta y cinco o setenta y siete.

—¿En buena salud?

—Sí, aunque achacosa, pachucha y olvidadiza.

Jennifer iba apuntando en una libreta con portada de Elvis Crespo.

—Bien —respondió Ms. López—. Su madre es la candidata ideal para disfrutar de la vida en nuestras comunidades. Aquí tiene nuestros folletos y catálogos y después le paso el video.

Jean comenzó a hojear y leer.

—¿Me podría explicar el Plan V?

—Con mucho gusto. Para el Plan Victoria necesitamos que nos envíe fotos de sus abuelos, bisabuelos, primos, tíos, amigos íntimos y de su papá, si es que ya ha fallecido.

—Papa murió en un accidente automovilístico.

—Cuánto lo siento —expresó Jennifer con falsedad—. Entonces nos incluye la foto de su papá también, y de todas ellas hacemos unos hologramas que proyectamos en la habitación de su mamá para que se sienta acompañada. El siguiente paso es escoger de nuestra lista de pueblos y ciudades...

—Ella es de Matanzas City.

—Déjeme ver un momento en la computadora —Jennifer apretó una tecla y luego trató de rescatar la uña que había quedado presa en una de las ranuras del teclado.

Jean la observó con desconcierto.

—Se ha puesto dichosa. Si mira en el plano, en el edificio L, en el ala derecha se escenifican lugares de importancia de esa ciudad que, sin duda, su mama ha de recordar: la Antigua Plaza de Armas, la Iglesia de San Pedro, el parque, el Castillo de San Severino, el Callejón de Jáuregui, el Teatro Sauto y el Puente de La Concordia. ¿En qué calle vivía su mamá?

—Creo que primero vivía en la Calzada de Tirry y después en la Calle San Rafael #93, esquina a San Ignacio.

—Pues si quiere puede mandar a escenificar una de esas calles y sustituirla por el teatro y el callejón. Estos cambios elevan el precio del plan. Se lo digo en caso de que así lo quiera para que luego no haya malentendidos.

—¿Y puede hacer hologramas de mi esposo y mis hijos? Y así no tenemos que venir a visitarla tan a menudo.

—Sin ningún problema. Es más se lo iba a sugerir ya que usted vive tan lejos. Le podemos confeccionar unos hologramas interactivos que pueden entablar conversaciones con ella. Claro que las conversaciones son repetitivas y están limitadas a tres, pero con el tiempo ella ni se dará cuenta. Imagínese qué ilusión cuando se aparezcan sus nietos y le hablen. Además podría sincronizar la aparición de estos hologramas. Por ejemplo, por la mañana usted, por la tarde sus hijos y por la noche usted y su esposo.

—Me parece una idea estupenda. Mire, por casualidad aquí en la cartera llevo fotos... se las muestro. Ésta es de mi fiesta de quince y ésta otra es de mamá con un grupo de amigas un día de picnic en El Farito. La mujer que tiene la equis sobre la cara es Mima, no la incluya en los hologramas porque mamá se peleó con ella, no sé por qué, pero si se le aparece es capaz que le dé un infarto. Ésta es de papá y ella hablando frente a la ventana de su casa allá en Matanzas City, y la mujer que se ve en el fondo es mi abuela.

—*Great!* ¡Fantástico!

—Cuando regrese a Boston le enviaré más fotos.

—Pero recuerde que mientras más hologramas produzcamos más caro será el plan. El plan básico son seis, el *deluxe* hasta 24. También en el *deluxe* su madre podrá conocer a sus personajes favoritos de la historia, el cine o la televisión, y viajar a otros pueblos y países. Por

ejemplo, podemos programar para que se le aparezcan
Cristobal Colón, Celia Cruz y Carlos Gardel. Y si a su
madre le gusta viajar a lugares exóticos, el Pabellón de
Israel queda a sólo ocho cuadras del Edificio L.
Generalmente lo que hacemos es un cocktail, lo que se
llama un «*mixer*», donde la autora de sus días conocerá a
residentes del Pabellón de Israel. Una vez que se conoz-
can se extienden invitaciones. Entonces aborda un simu-
lador de vuelo y tal parece que va por los aires hacia
Israel. Allí la mantenemos por un par de horas atendida
por expertas aeromozas, y una vez «llegue» se le hace
una recepción y se le lleva a diferentes sitios históricos
dentro del pabellón como la Mezquita Azul, el Muro de
las Lamentaciones, el pueblecito de Belén, y podrá hasta
ver al Niño de las Aguas predicando en el templo. No
solamente conocerá otro país sino que hará buenas
amistades que ella podrá invitar a su Matanzas City
querida, y así se estrechan los lazos de amistad y soli-
daridad entre los pueblos. Yo personalmente escogería el
deluxe porque es el más completo.

—¿Y el costo? —Jean arqueó las cejas.

—Hay varios planes de pago. Tiene que pagar una
cuota de iniciación y luego una mensualidad, o pagarlo
en dieciséis pagos de igual cantidad. Si su madre nos
hace los beneficiarios de su póliza de seguros, en ese

caso, usted no tendrá que preocuparse de nada, y si además nos endorsa el cheque del seguro social no tendrá que pagar la cuota de iniciación. Y ofrecemos financiamiento a través del Ocean Bank. Lo importante aquí no es el dinero sino el peso que se quitará de encima sabiendo que su mamá está bien atendida gozando de una vejez como la soñó Martí. Y en caso de que fallezca, y si así lo desea usted, la enviaremos a ser sepultada en Matanzas City sin ningún costo adicional.

—Me parece que voy a seleccionar el plan *deluxe* porque a mamá le fascinaba viajar y le encantaba escribir poesías de los lugares que visitaba. Pero, primero, tengo que hablarlo con Mike, mi esposo, cuando regrese a Boston.

—Mire, déjeme ponerle el video para que vea el pabellón y el tipo de comunidades que ofrecemos, así como los pabellones adyacentes. Los otros pabellones en operación son: el de Colombia, Puerto Rico y México y en planificación el de China, Irlanda, España y República Dominicana.

Jean se sentó y se zafó la trabilla de los zapatos y procedió a tomar apuntes sobre el video mientras Yaguajay ahora soñaba con huesos de avestruz. Cuando terminó con el informativo, apretó el botón y puso el video en su caja. Entonces se abrochó los zapatos, se alisó el vestido y se aseguró de que el pasaje de regreso aún estuviera reposando en el fondo del bolso. Buscó a Jennifer para despedirse y al no encontrarla supuso que estaría en el baño. Esperó unos minutos, y en vista de que no aparecía, se marchó.

Caminaba hasta la parada de autobuses y al pasar frente a la ceiba de la Calle Ocho y la Avenida Doce se detuvo a ver a los creyentes con sus ofrendas. Jimena lanzó tres monedas que cayeron al pie del árbol, miró el reloj, y se apresuró para no perder el bus.

Los doce días de Navidad

✳

Nos Unimos A
La Codorniz En El Peral
Las Dos Tórtolas
Las Tres Gallinas Francesas
Los Cuatro Pájaros Cantores
Los Cinco Anillos Dorados
Los Seis Gansos Ponedores
Los Siete Cisnes Nadadores
Las Ocho Doncellas Ordeñantes
Las Nueve Damas Danzantes
Los Diez Señores Saltarines
Los Once Flautistas Trinantes
Y Los Doce Tamborileros Redoblantes
Para Desearles
Una
Feliz Navidad
Y Un
Milenio
Pleno de Venturas

La Familia Pardo
Mike, Jimena (Jean), Erin, Kyle

El rincón del recuerdo

—Amigos radioescuchas: Hoy como todos los jueves cuando el firmamento se viste de luces, cuando un día se desliza hacia el otro, la hora en que Cenicienta se marchó del palacio, para todos los desvelados de esta Ciudad Mágica, que viven de los recuerdos, es para ustedes este rinconcito del recuerdo, algo para recordar, donde las canciones de antaño los harán revivir, porque recordar es volver a vivir, como diría el célebre poeta. Y para ustedes, desde aquí donde el tiempo no pasa, el primer número musical. A ver quién lo adivina. Llámenos al ocho-nueve-cinco-cero-cero-cero-cero. La primera persona en adivinar recibirá una pareja de loritos cortesía de Virgil's Aviary, un saco de arroz cortesía de los Almacenes Pérez y una tarjeta de Titiphone por valor de cincuenta dólares. ¿Dígame?

—«Drume Negrita» de Mercedita Valdés.

—Lo siento. Ayán sorri. Adivine y gane esta hermosa parejita de loritos parlanchines que le recordarán su niñez en la tierra que lo vio nacer. Click. ¿Hello?

—«El Jíbarito» de Rafael Hernández. Ése que va así: «Alegre el jibarito va...»

—No, ese no es el numerito. Lo siento. Click. ¿Diga, señora?

—Señorita por desgracia. Perdí a mi novio en la guerra.

—Ánimo que la vida es de quien persiste. Al igual de quien persiste adivinando el numerito de hoy.

—Mire, esa canción la escuché por primera vez cuando mi abuelita Angelina me llevó al Hotel Nacional y se llama «Lágrimas Negras» y es un bolero.

—No, no adivinó. Pero no pierda las esperanzas ni con el numerito ni con un nuevo amor. Y continúe sintonizando. A ver, ¿qué emisora escucha usted?

—Ciento seis punto uno, La Novedosa.

—¿Aló?

—Sí, mirá vos. Ese número es «Mi Buenos Aires Querido».

—Tampoco ha adivinado.

—¿Estás seguro, ché, vos?

—Sí, señor.

—Mirá que soy musicólogo titular del Conservatorio Nacional.

—Pues lo siento, no adivinó. Click. ¿Diga?

—Mire, esa canción es «Cuatro Milpas».

—Sí, efectivamente, «Cuatro Milpas» es la ganadora de hoy y usted recibirá... Interrumpimos esta programación. Nos ha llegado a nuestra redacción una noticia de hondo pesar. El avión en que viajaba la religiosa Mirta María Vergara procedente de Calcuta, India, desapareció de las pantallas de los radares precipitándose al mar. El avión perdió altura, y según testigos oculares que pescaban cerca del lugar del suceso, voló al revés antes de precipitarse a las aguas de la Bahía de Biscayne. El hecho de que la aereonave volara al revés puede ser indicio de algún problema en el timón o la aleta de dirección.

Las miles de personas congregadas en el Aeropuerto Internacional y a lo largo de la calle Le Jeune para darle la bienvenida a Mirta María aún desconocen la noticia. La popular estrella de televisión, Titina, se encuentra entre los que esperan la llegada del avión que nunca ha de llegar. Titina hubiera sido la primera persona en darle la bienvenida con un bello ramo de rosas azules cortesía del Jardín Zenaida, y en exclusiva para su show desde el mismo aeropuerto, una entrevista en directo con la abnegada religiosa y ahora presunta víctima del siniestro. Fuentes fidedignas afirman que iba a revelar un transcendental secreto. No se descarta un sabotaje y el FBI interroga en estos momentos a Ignacio Valls, Bárbara Romero de González, Guillermo Díver, el actor que protagonizó a San Guiven en la telenovela de igual nombre, y a un individuo que según dice el cable responde por el nombre de Siboney, pero del que todavía se ignora su apellido.

Es lo que yo digo, queridos radioescuchas: «La vida nos da sorpresas, sorpresas nos da la vida».

Se nos acaba el tiempo, y no se olvide de sintonizarnos el próximo jueves para recordar, porque recordar es volver a vivir...